1978~2018

# 40年回眸与前瞻

## 中国从哪里来，到哪里去

戚振宏 · 主编

五洲传播出版社
China Intercontinental Press

图书在版编目（C I P）数据

40年回眸与前瞻：中国从哪里来，到哪里去 / 戚振宏主编. -- 北京：五洲传播出版社，2019.9
ISBN 978-7-5085-4191-4

Ⅰ. ①4… Ⅱ. ①戚… Ⅲ. ①改革开放—研究—中国
Ⅳ. ①D61

中国版本图书馆 CIP 数据核字（2019）第 092626 号

----------------------------------------------------------------

40年回眸与前瞻：中国从哪里来，到哪里去

作　　者：戚振宏
出 版 人：荆孝敏
责任编辑：姜　珊
助理编辑：刘婷婷
封面设计：任燕飞工作室
出版发行：五洲传播出版社
地　　址：北京市海淀区北三环中路 31 号生产力大楼 B 座 6 层
邮　　编：100088
电　　话：010-82005927，82007837
网　　址：www.cicc.org.cn, http://www.thatsbooks.com/
印　　刷：北京诚光印务有限公司
开　　本：710×1000　1/16
印　　张：12.87
字　　数：150 千字
版　　次：2019 年 7 月第 1 版第 1 次印刷
定　　价：68.00 元

购书咨询：（010）82007837 电子邮箱：liuyang@cicc.org.cn
如有印刷、装订质量问题，请与出版社联系
联系电话：（010）82005927 电子邮箱：taoyuzheng@cicc.org.cn

# 序言 PREFACE

历史总是在一些特殊年份促使人们回顾过去，汲取智慧，展望未来，继续前行。今年是中国改革开放四十周年。40年来，中国人民众志成城，砥砺奋进，用双手书写了国家和民族发展的壮丽史诗。与此同时，中国与世界的关系也发生了历史性变化。40年来，中国人民始终敞开胸襟拥抱世界，积极作出自己的贡献。改革开放成为中国和世界共同发展进步的伟大历程。中国持续快速发展举世瞩目，赢得了广泛赞誉，但也招致一些误解误读，甚至扭曲抹黑。如何正确解码中国？本书即在此背景下产生，旨在从历史和文明纵深角度深入浅出地解答"中国从哪里来？如何走到今天？未来向何处去？"希望借此为读者朋友全面了解中国的文明发展脉络、改革开放历程及中国与世界的关系，提供助益。

首先，中国从哪里来？中国拥有独特的古典文明，这种文明是多源的，很早就形成了稳定中心，拥有强大的向心聚合力。它相对独立演进，但不与世隔绝，在19世纪以前就与世界其他主要文明通过和平方式互动交汇，相互汲取营养。从汉代至唐、宋、元，在经济文化交流中，中国长期处于主动地位，开放自信，向世界贡献了丝绸、陶瓷、造纸、印刷术、火药、罗盘等产品或技术，对世界发展与人类进步具有重大意义。但明清两代王朝盲目自大、闭关锁国，使中国在世界文化全球性交汇的大势下逆势而行，中国古典文明由盛转衰。对于西方科技和经济社会发展开始赶超中国，明清两代中国人毫不知情，在自我陶醉中昏睡不醒，直至1840年西方坚船利炮兵临城下，才开始睁眼看世界。

其次，中国是如何走到今天的？1840年后，面对西方文明的强势冲击，中国遭遇“三千年未有之大变局”，迈上从古典文明向现代文明转型之路。在这个过程中，中华民族历经磨难，遭受外敌多次入侵，数次面临被列强瓜分甚至亡国灭种的危险。面对民族存亡危急，中国一代又一代的仁人志士苦苦探索民族复兴之路，但直至中国共产党领导中国人民建立新中国后，中国才开始逐步找到一条适合自身国情、顺应时代潮流的发展道路。尤其是40年前，中国人在经历种种曲折、付出惨重代价之后痛定思痛，找到了改革开放这条正确道路。自此，中国的发展进入快车道，国家面貌日新月异，成功地从一个封闭、半封闭的日趋僵化的经济体转变成一个开放繁荣的新兴世界大国，从古典文明成功转型为现代文明。其成果不仅惠及占世界五分之一人口的中国人民，而且从物质、精神层面为世界发展和人类进步作出了重要贡献。

最后，中国未来向何处去？毫无疑问，将改革进行到底，坚定不移走和平发展道路。过去40年中国经济发展是在开放条件下取得的，未来中国经济实现高质量发展也必须在更加开放的条件下进行。这是中国基于发展需要作出的战略抉择，同时也是在以实际行动推动经济全球化造福世界各国人民。

中国在进一步改革开放的进程中，必将继续为维护世界和平、促进共同发展作出新贡献，推动国际秩序朝着更加公正合理的方向发展。中华民族历来热爱和平，中国政府一贯倡导和平共处五项原则，早就接受了基于主权平等的现代国际关系原则，没有意愿、也不可能按照传统“天下观”与“华夏中心论”来重构世界秩序或搞霸权主义、强权政治。从消极方面夸大“天下观”对中国外交政策的影响，是不符合实际的。如果说“天下观”对中国政策还有意义，那主要是其衍生的积极因素。例如，中国提出的“人类命运共同体”观念，就反映了“天下观”作为文化概念所包含的人文关怀精神和世界大同理想。

中国的“一带一路”倡议与传统朝贡体系也没有任何瓜葛。“一带一路”是中国在2013年提出的国际合作倡议。它坚持共商、共建、共享原则，旨在弘扬古代丝绸之路精神，通过政策沟通、设施联通、贸易畅通、资金融通、民心相通，与各国战略对接、优势互补，实现携手发展、合作共赢，与早已成为历史的“朝贡体系”风马牛不相及。

以上只是撷取的本书核心思想脉络。从根本上说，中国从哪里来？如何走到今天？未来向何处去？其答案的要义都可以归结为，中国的发展离不开对世界的开放，离不开中外文明的包容互鉴，世界的繁荣稳定同样也需要中国。展望未来，中国只会走向更现代、更开放的文明，而不会重回保守的时代，更不可能恢复早已作古的、不合时代潮流的秩序或体系。

本书还有其他更多精彩论点，在此不能一一呈现，只能待读者进一步捧读。我相信，读完本书后，读者一定能够加深对中国发展及其与世界关系的客观理解与正确认识。

是为序。

中国国际问题研究院院长　戚振宏

2018年11月

# 目录 CONTENTS

# 上篇

# 中国是个什么样的国家?

# 第一章
# 从古典文明走向现代文明
## ——成就与挑战

中华文明历经数千年风雨荡涤，
以其独特的性格与自成一系的体征屹立于世界文明之林，
是古典文明走向现代文明的一个成功典范。
随着中国国际影响力的提升，
世界上越来越多的人更加关注中国。
要全面了解现代中国，
必须首先了解中国古典文明的特征和由来，
以及中国是如何从古典文明向现代文明转化的。

# 第一节
# 中国古典文明生成的历史环境与国家起源形态

01

中国古典文明的生成与国家起源形态是历史环境的产物，背景深刻复杂，涉及地理、经济、社会结构、周边地缘政治形势等多种因素。自然环境是中国古典文明生成发展的基础条件之一。中国地理环境的显著特点，是地域辽阔，地形地貌复杂，气候类型多样，但带有极大的封闭性，是典型的“大陆—海岸型”国家。这种自然环境中孕育出的中国文化具有一系列鲜明的个性品格。第一个特点是中国文化起源与文化基因的多元性。中国文化学者吴存浩、于云瀚认为，辽阔的疆域是中国文化多元性起源的前提条件。中华文明的发祥地由黄河流域、长江流域、珠江流域、辽河流域等多地组成。其中诞生中国旱作农业文明的黄河流域约75万平方千米，而养育了中国水田农业文明的长江流域、珠江流域等地区则达180万平方千米以上。与此相比，诞生和养育世界其他古文明的地域则异常狭窄。诞生古埃及文明的尼罗河

“下埃及”三角洲地带和“上埃及”的狭窄河谷平原加在一起不过4万平方千米。作为巴比伦文明发祥地的两河流域，面积虽比古埃及文明大一些，但也有限。印度文明发祥地，包括印度河流域的哈拉巴、摩亨佐·达罗和恒河流域、德干高原在内一共不过79万平方千米，仅与黄河流域面积相当。希腊文明发祥地则局限于克里特岛和伯罗奔尼撒半岛的滨海小平原上。玛雅文明限于美洲山地和丛林，印加文明从未走出过安第斯山脉。这说明，中国文化自诞生之日起，由于疆域辽阔，注定要走一条不同于世界其他古文明的发展道路。

辽阔的地域为中国文化的传播和转移提供了广阔空间。在中国历史上，不仅各地农耕文化之间存在着极大的不平衡甚至本质上的差异，而且农耕文化和游牧文化之间曾长期对垒，使农耕文化内部演化及其与游牧文化之间的交流、冲突与融合呈现出异常激烈、波澜壮阔的状态。受气候条件、地形地貌差异等特殊地理条件影响，中国形成了华北、华中、西北、东北、东南、江南和西南等若干特色显著的文化区。这些文化区在漫长的历史中经过数次民族大融合既体现越来越多的共性特征，又各自保留基本的地方文化特征。中国文化的多样性与包容性的统一在中国上古夏商周“三代”的历史中就开始得到反映。夏公元前2000年左右起源于黄河中游地区，但其史多为传说，不能详知。中国有文字可考的历史始于商代。商发源于黄河中下游的山东境内，统一东方诸部族后举兵西向，于公元前1600年前后灭夏。《诗经》里说商在强盛时，连西方的氐羌都来朝贡。而周则发源于现在的陕西西部，统一西方诸部族后，于公元前11世纪灭商。商周的发源地相距千里，周灭商后，商周民族杂居数百年，一直延续到孔子时代。孔子生于周朝的鲁国，孔子的祖先是周的前朝殷商王室后裔，所以他临死前还自称“殷人”。孔子中兴儒学，就是文化大融合的产物。而孔子之所以能中兴儒学，是因为他意识到，在周灭殷后的600年出现了殷周民族杂居，文化逐渐融合的大趋势。所以他勇敢地冲破了民族界限，大胆地宣言“吾从周”。孔子说：“行夏之时，乘殷之辂，服周之冕，乐则《韶》、《舞》”，意即用夏代的历法，乘殷代式样的车子，戴周代人的礼帽，听舜时的《韶》乐和周武王时的《舞》乐，道出了一幕文化大融合的景象，反映了周人在文化方面的兼收并蓄和宽容大度。

与此同时，如果说中国地理环境的辽阔造就中国文化构成的多元性，那么中国地理环境的封闭性则也培育了中国文化的独立性，亦即中国古典文明的第二个显著特征。中国地处亚欧大陆最东端，章太炎《重订三字经》“右高原，左大海”道出了中国版图负山面海，陆海兼备的特点。吴存浩等中国学者指出，这种地理特征与欧洲形同实不同。欧洲大陆被深入腹地的地中海、黑海、波罗的海等内海切割，实际是由几个庞大半岛和众多小岛组成的大陆板块，其大陆腹地距离海洋至多不过三四百千米，呈完全向海洋开放的“陆海交错”型地理特征。而中国陆地除纵深较浅的渤海外，陆地并无内海深入，广大腹地距海接近甚至超过一千千米，属世界上最典型的“大陆—海岸型”国家。中国和欧洲之间不同的陆海地理特征也使中国形成了不同于西方的海洋文化观，因为对古代对外经济文化交流来说，中国漫长的海岸线发挥的阻隔与屏障作用要远大于其桥梁与纽带作用。中国西部的崇山峻岭与雪域高原，对中国与外界交往的屏障作用在许多方面不逊于大海。近代以前，西部的葱岭和西南部的喜马拉雅山脉、西北的阿尔泰山脉和昆仑山脉，东北的内外兴安岭，与东面浩瀚无垠的太平洋一同构筑的天然屏障，对中国文明与外界交往形成巨大阻隔，造就了中国文化独立发展的历史环境。中国历史学家吕思勉指出：“历史上东西洋的界限，是亚洲中央的葱岭，而不是欧亚两洲的界线。葱岭以东的国家和葱岭以西的国家，在历史上俨然成为两个集团；而中国则是历史上东洋的主人翁。”在这样的历史环境中，中国“直至近世和欧人接触以前，内部的治化，虽时有变迁；对外的形势，亦时有涨缩；然而大体上，总是保守其闭关独立之旧约。”中国古典文明发育的这种特殊环境造成了一个非常有趣的历史现象：在过去几千年人类主要文明的交往史中，战争是常态。不同文明相互交往与融合往往是通过战争与冲突实现的。但在欧亚大陆唯有中国文明是个例外。

一方面，欧亚大陆和北非地区除中国文明以外的其他主要文明在其演进发展过程中，始终处于血与火的激烈碰撞中。在古巴比伦文明和古埃及文明影响下移植生成的古希腊文明，在马其顿帝国时期用战争开启了希腊化世界，也推动了第一次世界文化交汇期的到来。公元前326年亚历山大远征至印度，进入旁遮普一带，并在现在的阿富汗建立了巴克特里亚王国。公元前150年，巴克特里亚王国征服了恒河平原，融合了印度和希腊文化。印度史书有佛教和尚与讲希腊语的巴克特里亚国王之间对话的记载。罗马帝国在其巅峰时期，不仅将地中海变成其内湖，甚至远征至印度。从希伯来文明的《旧约》中诞生了基督教与伊斯兰教两大宗教。从中世纪到近现代，欧洲基督文明与伊斯兰文明始终在对抗、冲突中交融。阿拉伯人的大食帝国先把伊斯兰文明扩展到北非和西班牙地区，11世纪后塞尔柱突厥人的伊斯兰帝国威胁拜占庭帝国，在西欧基督教世界引发绵延两个世纪的十字军东征。这两种文明之间的对抗到近现代则持续发展为欧洲列强与奥斯曼帝国之间的冲突。阿拉伯裔美籍历史学家菲利普·希提在总结上述历史时认为，希腊文化、波斯文化、印度文化和伊斯兰文化是“由一条溪水养育起来的，这条溪水发源于古代埃及、巴比伦、腓尼基和朱迪亚，这条溪水注入希腊，然后以希腊文化的形式，倒流入近东。”中世纪中后期，这同一条溪水，“通过西班牙和西西里岛的阿拉伯人，重新流入欧洲，而给欧洲文艺复兴以很大的助力”。至于印度文化，则是伊斯兰文明在哲学、天文学和数学方面的另一个“早期启发源泉”，“欧洲人所谓的阿拉伯数字，阿拉伯人所谓的印度码子”，都是从印度传入。鉴于其相互之间很久以前就呈现出深刻的承继、冲突与交融的趋势，美国历史学家莫里斯将两河文明、古埃及文明、古希腊文明和古印度文明都视为西方文明的组成部分。

另一方面，1840年以前，中国与外界的冲突和战争主要发生在中原王朝与北部的游牧民族之间，中国与文明程度发展水平较高的国家和民族之间基本没有发生过正面冲突和直接碰撞，唯一例外是公元8世纪唐王朝与阿拉伯大食帝国（阿拉伯帝国）之间的怛罗斯之战，唐军败绩。但这是一场规模不大的战役，从历史上看不是什么大事。19世纪前，中国与世界其他主要文明的交往主要是在文化和贸易领域以和平方式进行。当然，中国与游牧民族的一些冲突和战争，曾对欧亚地缘政治形势与格局产生重要影响。如汉帝国击败匈奴，迫使后者西迁，引发欧亚地区民族迁徙浪潮，间接推动了“蛮族”对罗马帝国的冲击，导致西罗马帝国的灭亡。但尽管如此，从不同文明互动关系来说，这种间接影响与文明之间的正面冲突有质的区别。

中国在19世纪以前没有被直接卷入与其他先进文明的大规模正面冲突，既是中国封闭地理环境的产物，在很大程度上也是以农耕文明为基础的中华帝国保守地缘政治观念的结果。法国历史学家布罗代尔认为，农业文明在很大程度上可以自给自足，但游牧文明却必须与外界进行不断交换，这就造成后者对前者的需要远大于相反的作用。游牧民族的定期劫掠和海盗行为一样，在本质上均可被视为一种“强制交换”。对于古代中国的统治者来说，中国周边自然屏障内不仅疆域辽阔，而且多样性的地理环境和气候条件有利于培育发达的农耕文明，具备了构建一个自给自足的农业大帝国所需的各种条件。因此之故，以农业立国的中华帝国既无海洋帝国那种强烈的冒险精神，也无游牧民族那种无限扩张的需求动力。历代入主中原的统治者对于超越天然地理屏障去冒险扩张都没有太多兴趣。长城是这种保守地缘政治心态的最好见证。长城在军事上的主要作用是防御而不是进攻，同时长城大体与中国农耕区与游牧区的地理分界线是一致的。所以长城的修建将统治者地缘政治上的保守心理昭然于世。

地理环境的封闭性，中国文明范围内的辽阔空间，有利于自给自足和封闭循环发展的地缘经济条件，保守的地缘政治观念，又共同塑造了中国古典文明的第三个显著特征，即中国文明发展的连续性与稳定性。美国历史学家斯塔夫里阿诺斯对此有过精辟的总结：与印度文明的松散和间断比较，中国文明的特点是聚合和连续，其原因在于中国较与世隔绝，它仅仅受到西北游牧民族的侵略。鸦片战争前，中国无须与侵入印度的一批批具有较先进文化的民族打交道，因而能在不同程度上保持其种族和文化的特点。19世纪前，周边地区在文化发展水平上普遍低于中原王朝。虽然中原王朝在与周边游牧民族的冲突中经常在军事上处于劣势或防御态势，甚至多次经历改朝换代，但中国文化在东亚地区的主体地位从未被撼动，而且一再将入主中原的异族同化。中国文明发展进程的独立性、悠久性与持续性，使东亚形成了一个不断扩大的中国文化圈，进一步强化了中国文化在东亚的主体地位。在19世纪西方文明强势冲入之前，相对独立演进，封闭循环，稳定传承，是中国古典文明与国家起源形态的三个基本特征。这三个特征意味着，中国文明既是多源的，又很早就形成稳定的中心。中国自古以来就是一个具有强烈向心聚合力量的强大文明，这一点使中国文明在国家起源的最初年代里就显示出不同于其他古典文明的鲜明特点。中国文明的发展过程中尽管有族群或王朝的更替，但外族入侵却没有像美索不达米亚和古埃及文明那样导致文化上的大断裂，也没有导致原有的城邦和族群被彻底取代。外来族群常常只是被吸收重组，丰富了原有的机体。

## 第二节
## 中国古典文明对世界发展的贡献

02

中国古典文明相对独立演进并不意味着中国文明完全与世隔绝。相反，19世纪前，历史没有使中国与世界其他先进文明发生正面冲突和大规模战争，但却提供了许多机会使中国文明以和平方式与世界其他文明在文化和经济领域交往，共同推动人类文明进步。和平交往方式一方面注定了中国文化与其他文明融合的深度是有限的；但另一方面也有利于交往双方把控对方文化对自身文化的影响，尤其是避免对自身社会的稳定带来冲击，使相互之间可以根据自己的发展需要从容有序地汲取对方文化中的营养。中国古典文明与世界其他主要文明的互动和相互影响，在19世纪前的三个历史时期分别有不同的体现。

首先体现在人类文明轴心时代开启的第一次世界性的文化交汇期。德国哲学家卡尔·雅斯贝斯将公元前500年后的几个世纪称为人类文明的“轴心时代”。东西方文明经不同路径，以不同方式各自独立演进，在公元前5世纪后的几个世纪分别攀上世界古典文明高峰，此后的历史围绕这个轴心旋转。在这个时代，世界几个文明核心区不可思议地几乎同时进入了一个理性阳光普照大地，思想之花争奇斗艳的时代。不同文明核心区的经典著作和思想均出自这一时期，如东方的儒、道、法家文献，南亚的佛教和耆那教经书，欧洲的希腊哲学，中东地区的希伯来《圣经》以及其后衍生的《新约》和《古兰经》，皆成定义后世生活的经典杰作。伴随世界文明"轴心时代"的是一个世界性的文化大交汇、大开放时期，亚历山大东征是开启文化交汇的直接动力。这次东征掀起的希腊化浪潮，由地中海层层外溢，波及印度，使希腊文化与佛教相遇，推动不同文明深度融合，揭开人类文明史上蔚为壮观的一幕，其影响和余绪一直延续到罗马帝国时代。

虽然由于地理屏障，亚历山大东征掀起的文化交汇浪潮并未直接抵达中国，但其余波也从多方面间接地为后世中外文化交流培育了条件。首先是促使中国和西方开始知道对方的存在。据中国学者忻剑飞等人研究，亚历山大东征前，西方并不知道中国的存在。西方"历史之父"希罗多德在其九卷本的皇皇巨著《历史》中是否包含有关中国的知识，目前学术界尚无定论。西方初步认识中国是在亚历山大东征之后。据中国学者季羡林考查，至迟在公元前4世纪，印度梵文里就出现了与"丝"或"秦"有关的词。亚历山大东征后，类似词语如"赛里斯"（Seres）越来越频繁地出现在希腊地理典籍中。这种状况绝非偶然。与亚历山大的东征同期，中国正处在战国时代，席卷中原各国和北方少数民族的征战持续了数百年。虽然无直接证据，但设想这个过程直接或间接地开辟了中国与外界文化交流的道路，将以“丝”或“秦”为代表的关于中国的知识带到近邻印度，并由印度传到希腊人那里，是很正常的事。另外，亚历山大在亚洲的主要继承者塞琉古一世（Seleucus I）与印度孔雀王朝争霸印度，也间接地为中外文化融合创造了条件。孔雀王朝至阿育王（Ashoka）时，建立起印度历史上第一个幅员辽阔的统一帝国。阿育王原信婆罗门教，后改信佛教。他有计划地派遣教师传布佛教，不仅使佛教在印度和锡兰（今斯里兰卡）成为最有势力的宗教，而且波及缅甸、暹罗（今泰国）、柬埔寨、东印度群岛、朝鲜半岛、日本、蒙古等地。向西则达波斯、埃及和希腊等地。虽然学界一般把佛教入华定在西汉末武帝通西域之后，但这是就佛教影响已达一定程度而言。西域沙门携梵经入华与阿育王向国外广布佛教处于同一时期。第一次世界文化交汇的高潮体现于罗马帝国、中亚、西域和汉帝国之间的热烈交往，标志是公元166年罗马皇帝安东尼遣使到达长安。汉帝国和罗马帝国是当时东西方文明的双峰，彼此从传闻、相知到相遇，象征着古代世界文化交汇发展到一个新高度。第一次世界文化交汇期的最终成果不仅体现在中亚、印度和西域的希腊化，同时也反映于佛教入华，以及华夏文明西渐的开始。

公元七八世纪至十四五世纪，是第二次世界性的文化交汇期。伊斯兰文明的崛起是开启这种交汇的主要动力，蒙元帝国使欧亚大陆一体化，则在地缘政治环境上为这种文化交汇提供了新的有利条件。东亚的唐帝国和西亚的大食帝国作为中古时期人类文明的又一对双峰，共同推动了这个时期人类文化的交汇。新兴的阿拉伯帝国处于盛世，对人类各种文化的聚集与扩散兴致很高。另外，盛唐对异国风物人情也展现了海纳百川的开放胸襟与气度。公元7世纪大食帝国遣唐使频繁来华，共达37次之多，开辟中国与阿拉伯世界交往的盛况。当波斯人阿罗本带着景教经典来到长安，唐太宗令宰相房玄龄等迎之于宫中，允其经典翻译和宣传，并“与诸州各置景寺”“寺满百城”。仅数十年工夫，景教便已传遍全国。中国与印度文化交流也于此时进一步发展。佛教入华后至公元四五世纪，开始进入兴盛期，到公元7世纪玄奘赴印度取经达到一个高潮。当时全国有志之士，掀起向西土求知、向国外求知的热潮，西行人数至今可考者尚达100余人，以法显和玄奘为著。唐朝的开放不限于文化，在政治上与军事上也不分民族和国籍，唯才是举，唯贤是用。盛唐时期中国对外经贸发展极快，先后开辟了七条国际海陆通道。

唐帝国的开放政策也使唐文化泽被四海，流芳百世。唐、宋、蒙元帝国对外来文化的开放姿态，推动了中国与印度和西域各种文化的和平交往。唐宋文化对日本、韩国、越南和东南亚等中国周边国家和地区的发展影响深远。蒙元帝国一统欧亚，为包括四大发明在内的中国文化向更广范围的欧亚地区传播创造了有利的地缘政治环境。以马可·波罗以及后续的欧洲传教士对中国的考察和介绍为标志，华夏文明西渐步入高潮，对欧洲文艺复兴到来直接或间接地发挥了一定积极作用。在第二次世界文化交汇期，外界对中国的了解已开始突破了“知其然，不知其所以然”的层次。中国造纸法外泄是很好的事例。据《新唐书》记载，唐玄宗天宝年间，高仙芝与大食交战于怛罗斯城，败绩。这场战役本身不算什么大事，但对中外文化交流史意义却非同寻常。据阿拉伯人的记载，此役被俘中国士兵中有造纸工人，其把造纸法输入撒马尔罕。此后撒马尔罕不仅设立了纸厂，而且“撒马尔罕纸”变得相当出名。阿拉伯人记载的中国雕版印刷术和译介的中国医术，在其西传中也有这样的事例。

欧洲文艺复兴和地理大发现开启了第三次世界性文化交汇期，一直持续到19世纪。与此前两次交汇期不同，这次交汇是真正意义上的世界性交汇，因为世界从此从半球文化走向全球文化。然而，中国在这次交汇期中发挥的作用是令人遗憾的。当世界走向中国时，中国却未走向世界，而是背离世界。明清两朝盲目自大，推行闭关锁国的政策，使中国在世界文化全球性交汇的大势下逆势而行，事事被动，致使中国古典文明由盛转衰。当代中国人常把15世纪初郑和七次下西洋看作中国走向世界的高潮。其实这更像是中国背离世界潮流前的谢幕表演。早在郑和下西洋之前，明太祖朱元璋就有“片板不许入海”的海禁，理由是“自古帝王临御天下，中国居内以制夷狄，夷狄居外以奉中国”的华夏中心思想。在这种盲目自大的心理支配下，明成祖朱棣以举国之力让郑和下西洋，目的并非在于纠正朱元璋海禁的偏颇，而更可能与其政变篡位不无干系。因而郑和下西洋虽然声势浩大，但并不能扭转明朝锁国大势。朱棣的继任者朱高炽下令停止下西洋，朱厚熜则罢市舶、闭海关。在人类大航海时代和西方海上扩张高潮到来之际，明朝自废海军，走向全面闭关。清王朝入主中原后，在闭关锁国方面较明朝有过之而无不及。1793年，英王乔治三世使臣马戛尔尼来华向清廷提出通商请求，遭到乾隆皇帝傲慢拒绝，称“天朝物产丰盈，无所不有，原不藉外夷货物以通有无。”明清两代这种盲目自大的心理，使中国在世界文化交汇中的地位不断弱化。从汉代至唐、宋、元，在文化交流中，中国长期处于主动地位，具有自信的底气，因为中国文化有丝绸、陶瓷、造纸、印刷术、火药、罗盘等足以震慑别人的东西。明朝以后，西方科技和经济社会发展已开始赶超中国，世界处在巨变时代，而明清两代中国人毫不知情，在自我陶醉中昏睡不醒，直至1840年西方炮舰的炮声隆隆响起，才开始睁眼看世界。

## 第三节
## 从古典文明向现代文明的转型

03

1840年后，面对西方文明的强势冲击，中国遭遇“三千年未有之大变局”，中华文明承续数千年之封闭循环的发展环境发生根本性变化，中国从此开始走上了从古典文明向现代文明的转型之路。在这个过程中，中华民族可谓历经磨难，既有无数仁人志士为救亡图存而进行的艰苦卓绝的奋斗与付出的巨大牺牲，亦有一代又一代对民族复兴的艰辛探索。新中国成立后，中国才开始逐步找到一条适合自身国情、顺应时代潮流的复兴之路。

这种转型在文化上反映得最为深刻，也最为艰难。中国文化历史上曾长期是东亚文化生态中的主体文化，近代以前一直相对独立发展，在世界文化生态中，与西方文化处于同等地位。近代以来，中国在西方文明冲击下走向衰落，中国传统文化由世界主体文化之一降为一种地区性文化，在世界文化生态中的地位降低。这对具有华夏中心传统和以文化本位塑造天下情怀的中国人来说，是非常痛苦和难以面对的现实。鸦片战争至19世纪末，中国对外关系的核心问题是中西文化关系。中国社会文化心理趋向经历了“师夷长技”“中体西用”“变法维新”的变化轨迹，呈现出单向演进的态势，对西学由抗拒、到局部接受、再到全面追求。这一变化过程反映出越来越多的中国人开始认识到，中国传统文明败给西方近代文明，表面看是不敌西方的坚船利炮，输在科技实力上，但究其根源，则是由于中西文化的差异。进入20世纪，中国社会文化心理发展轨迹折向，社会文化思潮出现双向多元选择的态势。一方面，西学东渐对中国社会文化心理的影响进一步发展，及至五四新文化运动前后，达到一个新的高潮。陈独秀、胡适、钱玄同、鲁迅等旧学深湛的人高举“民主、科学”旗帜，倡导“文学革命”，成为批判传统文化的领军人物。另一方面，以章太炎、刘师培等人为代表的晚清国粹派独树一帜，以“陶铸国魂”为指归，以国学为主体，欲融中外文化之精粹。马克思主义传入中国后，给中国文化转型注入了新的动力。此后的中国社会思潮逐步分化组合为三大路向，即马克思主义、自由主义和文化保守主义。在全民族的救亡图存斗争中，马克思主义路向的中国文化思潮渐入高潮，并于新中国成立后进一步确立了其在中国文化中的主导地位。

中外文化的碰撞和交融，使中国文化形态发生了质变。中国人的世界观、价值观、思维方式、语境和语言表达形式、学术和教育范式、国家典章制度、生产方式、生活方式等都在中外文化的交融中转型，从传统形态转变为中西合璧形态，从中古农业文明向近现代工商文明演进。另外，中国文化转型并没有使中国文化丧失其民族性。在近现代各个历史时期，在中国国家意识形态和社会文化心理上，居主导地位的都是具有鲜明民族特色的中外合璧的思想和主张，如民国时期的三民主义和新中国成立后的中国化的马克思主义。那些不顾中国文化的民族性，完全脱离中国文化土壤的外来文化移植尝试，均以失败告终。中外文化交融也没有妨碍中国对传统文化的继承和发扬，反而在20世纪上半期孕育了一大批学贯中西、享誉中外的学术巨匠。具有深厚民族底蕴的中国文化并未在吸收融合外来文化、促进自身进步转型的过程中丢掉民族特色，正如保持民族特色也绝不能阻碍中国文化随着时代主题的变更而不断吸纳外来优秀文化实现更新进步一样。经历近代以来的转型发展，中国文化构成更加多元，内涵更加丰富，品格更加包容开放，为中国经济社会的发展提供了巨大的文化支撑。

经济是中国从古典文明向现代文明转型的物质基础。与古典文明时期相比，现代中国的经济在结构、规模、体制、发展方式及国际影响等方面都发生了根本性变化。中国成功实现了从农业经济大国向工业经济大国的跨越，现在又踏上了从粗放型发展向可持续发展的转型之路。直至中华人民共和国成立初期，中国还是一个典型的农业大国，工业占国民经济的比重非常有限而且不成体系。经过半个多世纪的努力特别是改革开放40年来的大发展，中国已成为世界第二大经济体，第一制造业大国，在绝大多数工业领域建立起比较完备的体系，多项工业产品产量占世界第一位，现代基础设施建设取得跨越式发展，建立起世界上最为庞大的现代化的公路、铁路、航运、航空等交通网络与电力油气能源供应网络，高铁网络长度占世界的60%。中国的工业化已进入中后期，正从规模扩张阶段向质量提升阶段转化，向绿色发展和可持续发展转变。

中国经济现代化的另一突出特征就是从计划经济转变为市场经济。自20世纪70年代末实行改革开放以来，中国经济体制和运行方式发生了一系列深刻变化。80年代由计划经济转变为有计划的商品经济，90年代开始搞社会主义市场经济，此后市场在国民经济资源配置中的作用又有阶段性变化，从发挥重要作用到起决定性作用。

中国经济向市场化转型的一个重要标志是民营经济的发展，这也是中国经济现代化的第三个重要特征。在计划经济时代，国有经济垄断一切。改革开放以后，民营经济从无到有，从小到大，在国民经济体系中的地位和作用不断上升。目前民营企业贡献了50%以上的税收，60%以上的GDP，70%以上的技术创新，80%以上的城镇劳动就业，90%以上的新增就业和企业数量。中国国有企业和民营企业已经形成了完整的产业链。国有企业多处于产业链上游，在基础产业和重型制造业等领域发挥作用，民营企业越来越多地提供制造业产品特别是最终消费品，两者形成了高度互补、互相合作、互相支持的关系。可以说没有民营企业的发展，就没有中国经济的稳定发展。因此，现在和未来，如果没有高质量的民营企业体系，就没有现代产业体系，支持民营企业发展就是支持整个国民经济的发展。未来中国经济将沿着这个方向不断提高，走向高质量发展。

中国经济现代化转型的第四个重要特征是从自给自足到全面参与全球化。中国幅员辽阔，自然条件和物产禀赋具有多样性，中国传统农业经济自古以来就以自给自足为基本特征，对外贸易在大多数情况下在国民经济中都只起非常有限的辅助作用。新中国成立后，受冷战和中苏同盟分裂等地缘政治因素影响，中国经济在封闭或半封闭状态下循环的特征一直持续到20世纪70年代末，改革开放后才发生根本改变。目前中国已成为世界第一货物贸易大国，第一外汇储备大国，第一货物出口大国，第一能源进口大国。中国已是世界货物第二大进口国。为纪念中国改革开放40周年，中国于2018年举办第一次国际进口博览会，对世界展示更加开放的姿态。不久的将来中国有望成为世界第一大市场。中国广泛参与各种形式的国际和区域合作，在全球治理和国际事务中承担的责任和作出的贡献与日俱增，中国与世界的相互依存关系达到了前所未有的高度。总之，1840年前后虽然清帝国的人口和经济规模均占世界的三分之一左右，但那是一个封闭、几乎与世隔绝的传统农业帝国。今天的中国是一个开放繁荣、与世界同呼吸共命运的新兴世界大国。

中国从古典文明向现代文明的转化，在精神层面集中地体现在近代以来中国在政治文明方面发生的一系列变化上。首先是由帝制走向共和。1911年辛亥革命推翻了延续数千年的帝制。这对中国是惊天之变，因为中国从此不再是一家一姓的家天下，“普天之下，莫非王土；率土之滨，莫非王臣”至少在理论上不再是这个国家的政治本质。其次是从人治逐步走向法治。帝制被推翻后，中国一方面要救亡图存，另一方面国家治理在很长时期仍未摆脱人治的困扰。新中国的成立尽管从宏观政治制度上为人民当家做主奠定了基础，但中国在探索国家治理现代化的道路上仍经历了许多曲折，出现过“文化大革命”这样的重大失误。改革开放以后，中国在总结过去经验教训的基础上逐步找到了一条适合中国国情的政治现代化道路，先是通过加强法制来克服人治风险，后来又从法制转向法治。法治（rule of law）和法制（rule by law）有共通之处，但两者有实质的区别。法制强调依法办事，法治除了强调依法办事外，更强调宪法和法律是国家的最高权威，任何组织和个人不得拥有超越法律的权威。如今法治已成为中国社会主义核心价值观之一。建设法治国家，是中国特色社会主义政治发展的基本目标，是国家治理现代化的正确轨道。法治的直接目标是规范公民的行为，管理社会事务，维护正常的社会生活秩序；但最终目标在于保护公民的自由、平等、公正等基本政治权利。法治与人治相对立，它既规范公民的行为，也更制约政府的行为，把权力关在制度的笼子里。民主也是中国社会主义核心价值观之一。民主与法治是一枚硬币的两面，不可分割。尽管世界各国由于国情不同，实行民主的具体方式不尽相同，但民主作为人类的共同价值，其核心理念是一样的，集中体现于授权与限权两个方面。就授权而言，民主的核心价值在于确保“权为民所有”和“权为民所赋”；就限权来说，民主的核心价值在于确保“权为民所谋”和“权为民所用”。中国社会主义民主政治的本质和核心就是人民当家做主，就是从以人民为主体出发、以公平正义为目标，实现国家治理体系与治理能力的现代化。如今，中国国家治理现代化已形成了经济建设、政治建设、文化建设、社会建设、生态文明建设的“五位一体”总体布局，中国政治文明建设进入了一个历史新时期。

## 第四节
## 世界的中国观：启示与误区

## 04

世界的中国观，即外界如何看待中国，这个原本属于外国人的课题，现在也属于中国人，因为中国与世界的关系越来越紧密，从古典文明时期的松散联系变成了现在的相互依存。

在与中国交往的漫长历史过程中，世界的中国观也在不断变化。马可·波罗时代及其之前的时期属于世界的准中国观时期，因为那时外界对中国的认识总体是模糊、片面的，处在很肤浅的阶段。16世纪40年代西方传教士东来至18世纪后期，是世界中国观的形成时期，主要标志有几个方面：对中国文化，特别是理论形态的文化有较为全面的介绍；对中国文化或其中某一部分有抽象度较高的理论分析和评论；有一批专门从事对中国文化研究或介绍的学者，也有一些人类思想史上的巨匠对中国文化发表了认真的意见。以利玛窦、南怀仁等为代表的耶稣会传教士通过“蓄发称儒”和“借佛传教”等方式，向中国引入西方科学知识，同时钻研中国儒释道经籍，形成了颇具特色的教士中国观。至十七八世纪，理性主义笼罩欧洲，也支配了西方的中国观。笛卡尔、休谟、莱布尼茨、孟德斯鸠、卢梭、伏尔泰等启蒙运动伟大思想家，都对中国发表了比较认真的评论。莱布尼茨、伏尔泰尤其对中国文化表现出特殊的热情和兴趣。18世纪末以后，西方理性主义达到前所未有的高度，世界对中国的分析也进入更加深入冷峻的阶段，斯密、黑格尔、达尔文、马克思、韦伯等，都对中国有过系统考察和评论，批评增多，但也有同情。进入20世纪，世界特别是西方的中国观也随世界和中国形势的变化而变化，费正清、李约瑟等在中国抗战最艰难时期来华访问，研究、宣介中国文化和历史，在道义上给予中国莫大支持。如李约瑟总结中国四大发明对世界的贡献，有助于抗战时期振奋中国人的自信心。

近代以来世界特别是西方人对中国和中国文化进行了多角度、全方位、深层次、立体式的审视。其中既有欧洲早期主要由传教士构成的中国通，也有一批享誉欧洲乃至世界的思想家、科学家、哲学家、经济学家、文学家。受时代、动机和评论者本人价值取向与认识水平影响，世界在各个时期对中国的看法十分庞杂，不同程度存在以偏概全、挂一漏万等错谬，褒存过誉，如伏尔泰，贬有偏激，如黑格尔，但其启后之功值得肯定。作为中国人，尤当坦然、理性面对。无论是莱布尼茨、伏尔泰、狄德罗、歌德、巴尔扎克、托尔斯泰等对中国的浪漫激情，还是孟德斯鸠、卢梭、斯密、黑格尔、韦伯等对中国传统文化糟粕的冷峻批评，对推动中国从古典文明向现代文明转型都提供了重要启示和积极影响。新文化运动对中国的启蒙作用，马克思主义的中国化，中国的改革开放事业，都是这种启示最有力最鲜活的证明。

与此同时，外界对中国的看法也有一些常见的误区，往往在不同时代都有所体现，在当代尤其容易误导外国人对中国的认识，中国人有必要以理性的方式加以澄清。

**误区之一涉及中国文化的价值取向。**

近年来西方某些学者把中国文化的核心归结为谋略思想，以《孙子兵法》、《战国策》来概括中国文化价值体系，把春秋战国时期的合纵连横与邓小平的韬光养晦外交方针画等号。这类误读在过去世界对中国的看法中虽然也有所反映，但近年有加剧趋势，其背景显然与中美关系最近出现的一些问题和消极趋势有关。尽管西方特别是美国一些人士对中国发展疑虑上升不难理解，但如此解读中国文化显然是片面与肤浅的。如前所述，中国文化不仅历史悠久，而且构成多元。先秦时代儒、道、墨、法、兵等各派思想争鸣，汉代“独尊儒术”，儒家思想在中国官方意识形态的一尊地位沿袭至清末，但汉代至明清，在中国社会尤其是民间，影响最著者是儒、释、道三派的思想。从价值取向来说，儒家文化讲进取，核心是仁、义、礼、智、信，被称为入世哲学；道家文化重规律，强调法自然、守本分、淡名利，被视为出世哲学；佛家文化讲奉献，强调惩恶扬善、遵循戒律，注重心灵安定、运用智慧，用出世哲学，做入世的事业。中国自古奉行文官治国，军人在中国官僚体制中的地位历来不高。宋等朝代甚至明确规定，同等级别文武官员，军人要比文官低半格。在宋代文臣眼中，出身“行伍”的，无论做到多大的官，永远都是“小人”。故中国学者王学泰指出，北宋狄青不被皇帝信任，南宋岳飞风波亭上的千古奇冤，其根子都是朝廷和社会对军人的歧视和根深蒂固的疑惧之心。因此不难想象，《孙子兵法》中的战略战术，虽然军事意义很高，但那不过是兵家之术，对追求“修身、齐家、治国、平天下”的文人士大夫阶层来说，不可能成为其推崇的价值理念。所以，以兵家文化来概括中国传统文化的核心价值非常肤浅片面，也可以说很滑稽。将其随意引申来解读当代中国外交思想，更是一种不负责任的曲解。

**误区之二涉及中国传统文化中的所谓“天下观”。**

美国某些学者根据当代个别中国学者对传统“天下观”的解读，指责中国要按照传统天下观与华夏中心论来重构世界秩序。这又是一个需要澄清的问题。古代中国的确很早就形成了“天下”观念。中国历史学家钱穆认为，经孔子笔削，中国最早的史书《春秋》“乃是那时的一部天下史或称世界史。”虽然今天看来这个天下的范围仅包括当时华夏列国及周边地区，但鉴于中国封闭的地理环境，中国古人地理观念的这种局限性是可以理解的。“天下”有双重含义。一方面，作为一个地理概念，“天下”即世界。另一方面，作为一个文化概念，“天下”指的是一种文明化的社会。17世纪中国思想家顾炎武论述“亡国”与“亡天下”的区别时说，“易姓改号，谓之亡国，仁义充塞而至于率兽食人，人将相食，谓之亡天下”。也就是说，改朝换代亡国，文明沦丧亡天下。作为一个文化概念，“天下”更多是一种具有一定道德标准和教化水平的价值体。客观而言，这种“天下观”对中国文化既有积极影响，也有消极作用。例如，中国士大夫自古就讲“天下兴亡，匹夫有责”，推崇“先天下之忧而忧，后天下之乐而乐”的天下情怀，倡导“为天地立心，为生民立命，为往圣继绝学，为万世开太平”的抱负。这些情怀与追求具有超越时空的价值，对任何人、任何民族的发展都有积极引导的意义。当然，限于古代中国人对世界认知的局限，这种以道德教化水平为核心价值体的“天下观”也使中国文化很早就流行“华夷之辨”意识。华夏中心思想反映的是一种文化优越感，认为华夏是世界的中心。15世纪以后的历史证明，当这种文化优越感走向盲目自大，会使中国文化变得愈加保守与自闭，对中国发展的负面影响日益显著。

有两点需要说明。其一，华夏中心论对中国对外交往的副作用主要体现在明清两朝，明清之前历代中国对外交往活动中，华夏中心论的影响并不明显。前文已指出，汉、唐、宋、元均持积极、开放、大度和比较平等的姿态与其他主要文明展开交往。其二，1840年后，华夏中心论在中国文明转型过程中已逐渐从中国人的观念中淡出，这一方面是因为中国人意识到自己已经落后于世界先进水平，需要奋起直追而不是夜郎自大；另一方面是当中国在政治上逐步了解和接受了基于主权平等的现代国际关系体系后，中国对国际体系的观念发生了质变，从传统的“天下观”转变为现代国家观。美国学者列文森（Joseph R. Levenson）注意到了这一变化，称“近代中国思想史的大部分时期，是一个使‘天下’成为‘国家’的过程。”所以，从消极方面过度夸大“天下观”对中国外交政策的影响，是不符合实际的。如果说“天下观”对中国文化和政策还有意义，那主要是其衍生的积极因素。如中国提出的“人类命运共同体”观念，很大程度上就反映和继承了“天下观”作为文化概念提倡的人文关怀精神和世界“大同”理想。

**误区之三是关于所谓朝贡体系。**

西方一些人称中国提出“一带一路”倡议是要恢复中国古代的朝贡体系。这种看法对“一带一路”与“朝贡体系”这两个概念都做了误读。朝贡体系与上述华夏中心思想有关，在中国古代确曾存在过，但其作用和意义经常被夸大。西方许多人士评论朝贡体系时常犯的一个错误是，他们往往忽略了中国历代农业文明自给自足的特征，转而夸大了农业文明对外部资源的需求。朝贡体系的中心目的不是通过贸易互通有无，而是体现中原王朝对周边地区的恩威，显示中原王朝在“天下”的中心地位。但这种制度安排在明清以前意义并不显著，主要有两方面原因。其一，汉唐时期的朝贡体系并非总是以中原王朝居上位为原则，而是经常被颠倒过来。如汉代文景两帝均对匈奴施行和亲政策以换取安宁。唐朝文成公主远嫁吐蕃国王，也有类似性质。宋代“澶渊之盟”就更是如此。其二，从宋代开始，中国外贸已经摆脱“朝贡”体制，朝自由化方向发展，元代承袭此势。尽管宋朝在武力上无法恢复汉唐式的东亚秩序，但在经济上成为东亚世界的中心，社会经济发展多方面都颇有“近代”特点。如宋将南洋、高丽、日本、辽、金一带，均纳入其市场圈内。宋钱不仅成为东亚世界的通货，且到达东非沿岸，出现“钱本中国宝货，今与四夷公用”的局面，宛如19世纪世界经济体系里的英镑和20世纪的美元。通过将对外经贸关系完全政治化来体现中原王朝中心地位的朝贡体系，主要盛行于明清两代。由于明清封闭型的“天下”观念与自给自足倾向同时走向极端，中国对外经贸活动被全盘纳入落伍的册封和朝贡制度。由此可知，朝贡体系并非中国传统文明的本质特征，其实际意义和作用在不同历史时期存在很大差异。当代中国的“一带一路”倡议是中国向有关国家提出的一个共商、共建、共享的合作倡议，基于平等协商、互利共赢的原则，与早已成为历史的“朝贡体系”风马牛不相及。

# 小　结

总之，无论从精神还是物质层面看，中国从古典文明向现代文明的转型都是成功的典范之一。其成果不仅惠及占世界五分之一人口的中国人民，而且从物质和精神层面直接或间接地为世界的进步发展作出了重要贡献。与此同时，中国的现代化进程在国内和国际仍面临许多已知与未知的挑战与风险，其中包括外界对中国的误解与误读。中国应为已经取得的成就而自豪和自信，同时也需保持清醒和冷静，以理性的态度对待各种挑战，与世界加强合作，为推动人类的共同进步作出更多的贡献。

# 第二章
# 中国发展进入新时代

经过改革开放40年，中国的发展已进入承前启后、继往开来，
决胜全面建成小康社会、建设社会主义现代化强国的新时代。
新时代这个概念是2017年中共十九大提出的，
蕴含着三层重要的意涵：
第一，标志着中华民族历经艰苦奋斗终于迎来了从站起来、
富起来到强起来的历史性跨越；
第二，表现为中国社会的主要矛盾已转化为人民日益增长的美好
生活需要和不平衡不充分的发展之间的矛盾；
第三，彰显出中国同国际社会的关系正在发生历史性的变化，
相互依赖程度不断深化。
全面认识中国离不开全面审视中国发展所进入的新时代。

# 第一节
# 中国发展所取得的历史性成就

## 01

经过新中国成立以来的艰辛探索，特别是经过40年改革开放，中国特色社会主义建设已进入新时代。近代以来久经磨难的中华民族经历了从站起来、富起来到强起来的历史征程，实现中华民族伟大复兴迎来了更加光明的前景。中国发展进入新时代的历史性成就，可以从以下三个方面加以解读。

### 一、历史性成就反映了新中国的曲折发展经历

从政治经济领域的重大变化看，新中国先后经历了五个发展阶段。第一阶段，恢复发展时期的中国经济（1949—1957年）。新中国成立后建立了国营经济领导下多种经济成分并存的新民主主义经济体制，中国人民运用勤劳智慧，仅用三年时间就奇迹般地在战争废墟上恢复了国民经济，并在贫穷落后的基础上开始了大规模的经济建设。“一五”时期中国开展了以“156项工程”

为中心的大规模工业建设，为工业体系奠定了重要的基础，大大缩短了中国与发达国家工业发展水平之间的距离。与此同时，模仿苏联模式，将市场与计划相结合的经济体制改造为高度集中的计划经济体制。第二阶段，动荡发展时期的中国经济（1958—1978年）。这20年是实行计划经济体制的时期，经历了“大跃进”和“文化大革命”，最后带着对“文化大革命”的痛苦反思、对计划经济体制的困惑而结束。由于中苏关系破裂造成的外部冲击，“大跃进”、人民公社化运动和“文化大革命”等经济上的“冒进”和政治上的动荡造成的创伤，中国被隔离在当时日益繁荣的世界经济之外。第三阶段，经济体制转型初期的中国经济（1979—1991年）。中国20年单一公有制和计划经济体制所经历的曲折、挫折、困惑，孕育着一场新的探索。改革从农村确立家庭联产承包责任制开始，乡镇企业“异军突起”，1984年全面转向城市的国有企业扩大自主权和“利改税”改革；此外，放弃国家对外贸的垄断和闭关锁国政策，在沿海设立经济特区、开放沿海城市，逐步摆脱传统发展模式和经济体制的束缚。第四阶段，全面建立市场经济体制时期的中国经济（1992—2002年）。1992年邓小平南方谈话和中共十四大的召开，统一了全党关于经济发展和改革开放方面的认识，明确了改革的目标是“建立社会主义市场经济体制”。正确决策调动了全国人民的积极性，历经价格体制改革、商品流通体制改革、金融体制改革、国有企业改革等一系列重大改革实践，逐渐打破了计划经济体制的僵局，市场化程度不断提高。2002年，中国已初步建立了市场经济体制，政府对企业和个人等微观经济主体的干预程度大大减弱，市场成为资源配置的基本手段。第五阶段，完善市场经济体制并全面参与全球化时期的中国经济（2003年至今）。中国顺应国内外形势发展变化，以转变政府职能为核心，着力推进行政管理体制改革；取消农业税、牧业税和农业特产税；国有企业改革向纵深推进，依法加强对私有财产的保护，促进民营经济发展；进一步健全商品市场，发展要素市场，加快重要资源价格的市场化步伐，发挥市场的决定性作用，经济取得长足发展。总之，中国是在经历了艰辛探索，遭遇过重大挫折，付出了巨大代价之后，找到了改革开放这条正确道路，经过中国人民顽强奋斗，取得历史性的伟大成就，步入新时代的。

## 二、中国经济实现跨越式增长

经过改革开放40年的发展，中国经济总量快速增长。主要工业产品产量位居世界前列；中国经济的国际地位显著提升，成为驱动全球经济增长的重要引擎；制造业结构持续优化，产业转型升级步伐加快；科学技术进步扎实推进；对外贸易量质齐升，国际竞争力显著增强；“引进来”成绩斐然，“走出去”如火如荼。2017年，中国全年国内生产总值为82.7万亿元，年增长6.9%，连续多年对世界经济增长的贡献率在30%左右；占世界

GDP总量从1978年的1.8%升至2017年的15%，跃居世界第二大经济体和世界第一制造业大国，贸易总量稳居世界前列；2017年，中国货物贸易进出口总值27.79万亿元，比2016年增长14.2%，其中，出口15.33万亿元，增长10.8%；进口12.46万亿元，增长18.7%。从产业体系看，中国制造业已经覆盖了国际标准行业中制造业大类所涉及的24个行业组、71个行业和137个子行业，成为全球制造业体系最为完整的国家之一。中国发展的成功奥秘，是改革背后的包容性思维方式与哲学观念。对待不同的经济学说以及由此派生出的改革方案，中国都是以学习的态度汲取其合理成分，又以批判的眼光去除其不足之处，并最终混合应用于改革实践。

伴随着改革开放的深入推进，中国居民收入水平显著提高，消费能力日渐增强，物质文化需求得到充分满足。2017年，全国居民人均可支配收入25974元，比上年名义增长9.0%，扣除价格因素，实际增长7.3%。中国生产能力不断提升，人民日益增长的物质文化需求得到满足，彻底改变了改革开放前消费品供不应求的局面。根据中国贸促会研究院发布的《2017/2018年中国消费市场发展报告》，2017年消费贡献居“三驾马车”（投资、出口、消费）之首，消费对国内生产总值增长贡献率达到58.8%，超过资本贡献率28.7个百分点。商品消费处于较快增长区间，2017年我国社会消费品零售总额达到36.63万亿元，同比增长10.2%，超过同期国内生产总值增速。中国发展的成功经验反映了中国政治制度的一个优越性，即有利于稳定持续实施长远发展规划，有利于保证国家长远发展规划和相关政策的制定不受立场不同、意识形态相异政党更替的影响。

## 三、中国致力于促进人民的全面发展

为促进人民的全面发展，中国着力在减贫扶贫、普及基础教育、发展医疗保障、保障就业稳定方面取得突破，提升人民的幸福感与获得感。

古人有云："仓廪实而知礼节，衣食足而知荣辱"，在总体经济增长的同时，中国致力于实现共同富裕，投注巨大人力物力进行减贫脱贫，努力增进人民福祉。从20世纪90年代起，中国政府大力推行全国减贫措施。1994年，新中国成立以来的第一个减贫计划——《国家八七扶贫攻坚计划（1994—2000年）》出台，该计划明确提出了减贫目标、面向人群、具体措施和截止期限，帮助8000万人口摆脱贫困。自2000年以来，又制定并实施了《中国农村扶贫开发纲要（2001—2010年）》和《中国农村扶贫开发纲要（2011—2020年）》。中国的减贫实践为全球减贫治理提供了一份"中国方案"，建立起一套包括责任、政策、投入、动员、监督、考核在内的，符合中国发展道路的脱贫攻坚体系，为打赢脱贫攻坚战提供了制度保障。按照中国现行贫困标准，1978年中国农村贫困人口为7.7亿，到2017年末，这一数字已经下降为3046万人，中国成为最早实现联合国千年发展目标中减贫目标的发展中国家，为世界减贫事业作出了巨大贡献。中国精准扶贫的理论和实践表明，有良好的政治意愿、科学的扶贫战略、适宜的政策措施，全面消除贫困的目标是能够实现的。

中国自古有着重视教育的习惯和传统。历史上，中国的儒家文化不但影响了中国本身，而且影响了“东亚文化圈”的形成和世界经济的发展格局。如今，中国已实现义务教育广泛普及，人口平均受教育年限显著提升。进入21世纪，中国基本普及九年义务教育，覆盖小学及初中基础教育阶段，这一决策有效提升了中国国民平均受教育年限，为中国改革开放事业和经济建设提供了人力保障。

改革开放以来，中国始终关注民生健康问题，致力于发展医疗保障事业，经过40年的努力，已构建起人口全覆盖的基本医疗保险体系，人均寿命显著提升。《中国统计年鉴2017》数据显示，2016年中国城镇基本医疗参保人数已达74391.55万人；《中国卫生和计划生育统计年鉴2016》数据显示，2015年参加新型农村合作医疗的人数为6.7亿人，基本实现了城乡人口的全覆盖。

就业稳定增长，创业环境良好。改革开放以来，中国登记失业率虽有波动，但几乎都维持在5%以内，稳定的就业也是中国社会稳定、经济繁荣的重要因素。近年来，中国不断加大对创新的扶持力度，提出“大众创业，万众创新”，鼓励青年人创业，为青年创业者提供孵化支持和良好的市场环境。

对中国发展所取得的成就，西方经常存在误读。中国的发展走了一条自主选择的道路，但这并不否认国际社会对中国的帮助。改革开放后，中国开始接受发达国家和国际组织援助。30多年间，中国一共接受外国无偿援助70多亿美元，贷款1400多亿美元。但将中国发展的成就归功于西方国家的“援助”，则言过其实。以中国的减贫成就而言，40年间，中国成功使7.4亿人脱离贫困，相较于这样的数字，西方的援助金额可谓杯水车薪，更遑论依靠西方援助摆脱贫困。亦有西方学者将中国的发展历程看作“明修栈道、暗度陈仓”的战略阴谋。要知道，中国人民历经20世纪60年代初的饥馑、“文化大革命”十年的停滞不前和改革开放40年的飞速发展，见证了中国从一穷二白到自立自强的巨大转变；中国人民勤劳坚毅，为了子孙后代能够拥有更好的生活甘愿放弃当下的享受，努力储蓄、投资教育，由此而来的高储蓄和高受教育水平为助推经济增长提供了资本与高技术劳动力。如果说中国严格执行了什么发展战略的话，那战略只有一个——保障人民发展的权利。

在过去的几十年间，中国实现了从站起来、富起来到强起来的跨越，摆脱了一穷二白的样貌，解决了全民温饱的难题。高速的经济增长满足了人民日益增长的物质文化需求，然而人民对于发展的需求早已不局限于物质财富，经济发展过程中所带来的种种挑战也成为摆在中国面前的新问题。

# 第二节 新时代中国社会的主要矛盾已发生变化

02

社会主要矛盾是一个国家生产力发展水平和社会发展阶段的客观反映。有什么样的生产力发展水平、处于什么样的发展阶段，就会有什么样的社会主要矛盾。新时代里，中国社会的主要矛盾已转化为人民日益增长的美好生活需要和不平衡不充分的发展之间的矛盾。

## 一、新时代主要矛盾已发生根本变化

新中国成立后，中国社会的中心任务从争取民族解放过渡到解决人民日益增长的物质文化需要同落后的社会生产之间的矛盾上来。用西方经济学习惯和容易理解的说法来讲，中国社会的主要矛盾就是供给不足造成的经济短缺问题。在新中国成立后很长一段时期内，这种矛盾一直是影响和支配中国社会发展的一个基本因素。这种矛盾集中表现为人民对于建立先进的工业国的要求同落后的农业国的现实之间的矛盾，突出反映了中国生产力很落后这一基本国情。所以，国家发展的重点转移到以经济建设为中心的社会主义现代化建设上来，集中精力发展生产力，把中国尽快地从落后的农业国变成先进的工业国。大力发展社会生产力，逐步改善人民的物质文化生活，始终是新中国成立后国家面临的根本任务。凡是顺应这种要求，中国发展就稳步前进；凡是背离这一要求，中国发展就遭遇曲折或重大挫折。

改革开放40年来，中国始终坚持以经济建设为中心，始终围绕解决中国社会的基本矛盾开展各项工作，中国发展因而取得了历史性跨越。而中国发展的历史性成就也使中国社会主要矛盾发生了深刻变化：一方面，长期困扰中国社会的短缺型经济已成为历史，中国稳定解决了十几亿人的温饱问题，总体上实现了小康。另一方面，人民对美好生活的需要更加广泛，不仅对物质文化生活提出了更高要求，而且在民主、法治、公平、正义、安全、环境等方面的要求日益增长。与此同时，中国社会生产力水平虽然总体上显著提高，但发展模式仍未从粗放型转向质量型，城乡之间、区域之间的发展不平衡问题仍很突出，国家治理体系和治理能力有待进一步完善。这些问题已经成为满足人民日益增长的美好生活需要的主要制约因素。社会主要任务从解决落后的社会生产问题转变为解决发展的不平衡不充分问题，体现了中国发展的阶段性变化。社会主要矛盾的变化既反映了中国发展的成就，也反映了发展带来的新问题。

## 二、人民日益增长的美好生活需要亟待满足

人民对美好生活的向往，是推动中国发展最根本、最强有力的动力。这种向往在不同时期有不同内涵。饥馑年代，人民希望能够摆脱贫困和匮乏；改革开放后，更好的生活是满足人民对现代化生活的需求；进入新时代，人民希望达到自由且全面发展的生活状态，拥有更多获得感、认同感。熟悉中国改革开放的观察者应该了解，中国改革始于农村，而农村改革起源于人民群众为解决温饱自发兴起的土地承包制度。这项源自人民群众对美好生活的朴素追求、但在当时冒极大政治风险的创新，是对1958年以来农村土地制度的重大突破，其成功秘诀在于充分调动了人的能动性，为农民实现更好生活提供了更有效的组织方式，符合人民对生产方式进行改革的愿望。这一改革创举得到国家肯定并在全国逐步推广，将人从旧有的组织形式中解放出来，极大提升了农村生产力。家庭联产承包责任制仅用了5年时间就迅速普及，1983年全中国实行“大包干”的生产队已达95%以上。改革促进开放，开放倒逼改革。和平发展的时代潮流为推动中国改革开放提供了有利外部环境。日本、亚洲“四小龙”尤其是新加坡的崛起给了中国领导人实现现代化的启示。中国借鉴国际经验，结合自身资源禀赋优势，吸引外商投资，借助外国资本与技术发展

自身。中国经过改革开放40年的发展，无论是生产力还是社会总体发展水平都有了极大提高。2017年，中国人均GDP接近9000美元，虽然这仅相当于世界平均水平的80%左右，但人民生活水平已总体实现小康，人民对美好生活有了更高更广泛的追求，对民主、法治、公平、正义、安全、环境等方面的要求日益增长。

进入新时代，人民对美好生活的需要不仅包括物质文化这些客观“硬需要”内涵，还包括其衍生的获得感、幸福感、安全感和尊严、权利等具有主观色彩的“软需要”内涵。既有的“硬需要”没有消失，并呈现升级态势，人们期盼有更好的教育、更稳定的工作、更满意的收入、更可靠的社会保障、更高水平的医疗卫生服务、更舒适的居住条件、更优美的环境、更丰富的精神文化生活；新生的“软需要”则表现为对民主、法治、公平、正义、安全、环境和共同富裕的追求，对人的全面发展、社会全面进步都提出了相应要求。从反映食物支出占家庭消费总支出比重的恩格尔系数来看，1978年，中国城镇居民家庭的恩格尔系数为57.5%；而当年中国农村居民家庭恩格尔系数为67.7%。相比之下，2017年中国城镇和农村家庭的恩格尔系数已分别降至28.6%和31.2%。中国人民不再简单满足于“吃饱”，而是追求“吃好”，注重健康、平衡和多样。新时代，人民的收入水平提高，由低收入阶段转向中等收入发展阶段；受限于资源和环境条件，经济增长需要由数量型增长转向质量效益型增长；脱贫攻坚取得决定性进展，但深度贫困地区脱贫之路道阻且长；教育事业全面发展，但教育资源不平衡问题普遍存在；就业状况持续改善，然而东西部之间、城乡之间发展差距仍旧显著。人民对美好生活的期许日新月异，中国发展也因此进入改革深水区。在实现更美好生活的路上，人民的期许是具体的：新鲜的空气，不再稀有的蓝天，可以直饮的自来水，不用抢的春运车票，买得起租得到的住房；同时也是抽象的：更为充分的个人发展，更公平公正的社会秩序，等等。唯一不变的是，人民对美好生活的诉求，在过去、现在和将来，都始终是中国坚持持续发展、深入改革开放的原动力。

### 三、发展的不平衡不充分问题凸显

经过改革开放40年的高速发展，中国的社会生产能力在很多方面都进入世界前列，但发展不平衡不充分是当代中国的客观事实，是新时代社会主要矛盾的主要方面，已经成为满足人民日益增长的美好生活需要的主要制约因素，这给中国政府的治国理政带来新的难题和挑战。

发展不平衡，是指经济发展的诸多要素带来的发展质量存在较大差异，是经济肌体各个组成部分协调性差的表现。主要表现为：第一，城乡发展不平衡。这是现阶段中国经济社会发展中最突出的结构性矛盾，是中国许多问题的总病根，不但制约农业农村发展，也制约城市发展质量的提升。它集中体现在基础设施建设、教育、医疗、社会保障等方面，城乡之间的发展存在较大差距，并且这些差距有持续扩大的趋势。第二，区域经济发展不平衡。区域差异大、发展不平衡是中国的基本国情，东、中、西部和省区间的经济发展和民生幸福的差距仍未明显缩小。东部沿海地区经济发达，在市场、产业、人才、科技、制度等方面均优于中西部和东北部地区。第三，产业发展不平衡。长期以来，围绕"物质文化需要"，中国产业主要集中在第二产业，这种不平衡在较长时期内有效促进了第一产业向第二产业的转移。而进入新时代以来，人民需要层次和结构的转变都更趋向于第三产业，大力发展第三产业成为满足人民日益增长的美好生活需要的客观要求，而原有的发展方式对产业结构的升级形成了阻碍。第四，政治、文化、生态文明等社会发展各领域之间也存在不平衡。经济发展的速度快，而政治建设、文化建设、生态文明建设等方面的发展相对滞后。就政治建设而言，中华民族在历史上既饱受君主专制之苦，也曾备尝军阀混战所导致的分裂与混乱之苦，正如邓小平曾经指出的："旧中国留给我们的封建专制传统比较多，民主法制传统很少。"如何在权力集中以维护秩序与扩大参与以体现民主二者之间取得平衡，既需要艰苦的主观努力，也需要现实的社会条件。就文化建设而言，面对人民群众精神文化需求快速增长的新形势，中国文化产品无论是数量还是质量，都还不能很好地满足人民群众多方面、多层次、多样化的精神文化需求。进一步解放和发展文化生产力、提高文化产品和服务供给能力的任务，更加紧迫。

发展不充分，是指核心经济要素没有充分、有效释放其发展能量、发展潜力和发展动力，导致发展的质量和效益不够高。主要有两方面：第一，创新发展不充分。当前，中国正处于加速工业化、向知识社会转型的关键时期，对产业结构的创新能力提出了更高要求；然而，国家整体创新能力远低于发达国家。第二，社会发展成果共享不充分，尚未形成社会发展成果共享的分配机制和保障机制。人们未能普遍、充分享受到改革开放及现代化建设所取得的发展成果，获得感较低。民生领域还有不少短板，面临诸多困难和挑战。社会保障体系的公平性和统一性依然不足。“看病难、看病贵”是人民群众最关心的“痛点”。养老、孝老、敬老政策体系和社会环境尚未形成。全面教育、终身教育、素质教育和学习型社会建设仍有待加强，技术技能型人才、大国工匠后备人才结构性缺口很大。据教育部发布的数据，2017年，全国教育经费总投入为42562亿元，占GDP比重为4.14%，与美（5.38%）、英（5.68%）、法（5.49%）等发达国家仍有一定差距。发展不平衡也进一步制约了不同地区、不同产业和行业的发展质量。

归根结底，中国人口多、底子薄，发展不平衡不充分，仍是世界上最大的发展中国家。新时代要使发展的机会对每一个中国人更公平，必须构建能够满足人民美好生活需要的物质基础。中国的中心任务始终是推动经济社会发展，不断改善人民生活。从乡村振兴战略到区域协调发展战略，从深化供给侧结构性改革到加快建设创新型国家，均致力于解决发展不平衡不充分这个核心问题。

# 第三节
# 中国同国际社会的关系发生历史性变化

03

中国的发展进步离不开世界，世界的繁荣稳定也越来越离不开中国，中国同世界的前途命运正在日益紧密地联系在一起。中国同国际社会的相互依存关系日渐深入：中国作为全球治理的参与者、国际公共产品的提供者，以自身的发展为世界作出贡献。新时代成为中国与世界关系深度磨合、调整适应的敏感时期。

近代以来，中国同世界的关系经历了三个阶段。一是从闭关锁国到半殖民地半封建阶段。从文明史的角度看，中国在这一阶段一直处于国际政治经济秩序构建过程的边缘区：鸦片战争是西方先进工业文明对中国落后农业文明的一次冲击；洋务运动、戊戌变法的失败，令中国错失追赶世界的机会；辛亥革命的流产，使中国的现代化蓝图成为空想；一战后的巴黎和会，中国成为列强宰割和瓜分的对象；二战结束时，作为战胜国的中国，仅是名义上位居“四大国”之列的弱国。二是“一边倒”和封闭半封闭阶段。新中国成立后，50年代奉行对苏联“一边倒”政策；60年代既反苏又反美，“两个拳头打人”；70年代联美反苏，大部分时间孤立在世界经济体系之外。三是全方位对外开放阶段。改革开放以来，中国勇敢地向世界开放，抓住经济全球化带来的机遇，大胆借鉴人类文明的一切优秀成果，不断扩大对外开放，国力迅速增强，实现了中国同世界关系的历史性变革。过去的中国，只能被动接受和适应外部环境的变化。今天的中国，更加主动向世界开放，并且在开放过程中积累自信，发展为世界大国，与世界的互动更密切，对外部世界产生越来越大的影响力，参与引导和塑造地区形势与国际秩序的能力不断增强。

进入新时代，中国与世界的联系迈上了新高度。统计数据显示，从1980年到2017年，中国货物出口占国际市场份额从不足1%，增加到超过13%；中国进口在全球占比从不到1%增加到10%，中国市场的潜力和活力持续释放。2008年国际金融危机以来，中国经济的全球影响力大幅提升。2006年到2017年，中国GDP占世界经济的比重从5.54%，提高到15.3%；同期中国对全球经济的贡献从不足20%上升到34%。通过进一步降关税和其他扩大进口的举措，中国有望在2030年左右成为第一进口大国。目前，中国已有3万家企业走出去，海外资产累积在6万亿美元以上。中国人是目前世界上最大的流动群体，每年有1.3亿人次出境。预计未来5年，中国还将进口8万亿美元的商品，吸收6000亿美元的外来投资，对外投资总额将达到7500亿美元，出境旅游将达到7亿人次。

中国自2009年起进入各种化石能源全面净进口时期，2010年成为世界第一大能源消费国，能源对外依存度不断提高，特别是石油需求将长期、大量依赖国际市场。中国同外部利益融合达到前所未有的广度和深度，需要增强维护海外利益的能力，更需要从根本上维护有助于世界和平的因素。中国在开放中实现更大的发展也是世界的期待。仍以中国出口贸易为例，虽然近年来伴随着出口市场多元化发展，中国对其他国家和地区的出口份额呈增长之势，但欧、美、日三大传统市场仍然在中国出口贸易中占据半壁江山。中国海关统计数据显示，2016年中国货物出口总额为20974亿美元，其中向欧、美、日三大传统市场的出口额为10191.26亿美元，占比高达48.59%。这表明，中国前一轮外向型经济发展从对外空间拓展层面看，主要发生在发达经济体领域，同时也说明了中国外向型经济还存在着向其他国家和地区拓展的巨大空间。而这一外部空间的新突破，特别是向“一带一路”沿线空间的开放，将为世界带来更高质量的发展。因为，当主要面向发达经济体时，中国所依托的是低成本要素优势，侧重于加工制造装配生产环节的经济活动，在全球产业链分工中处于中低端环节。与之相比，当向“一带一路”沿线国家拓展时，中国所依托的比较优势是以往多年外向型经济发展所积累起来的、具有重要竞争优势的丰富产能以及一定的技术水平。正因如此，沿线各国积极响应并充分借力“一带一路”建设，增加同中国发展的联动性，共同提升经济社会发展的质量。

作为全球最大的发展中国家，中国积极参与全球治理、推动全球化进程，坚持把中国人民的利益同各国人民的共同利益结合起来，以更加积极的姿态参与国际事务，发挥负责任大国作用。全球治理体系涉及的议题和领域十分广泛，并且新的议题和领域还在不断增加。当前，世界经济面临的增长动力不足、发展不均衡、发展机会不均等、发展成果分配不公平等问题日益凸显，全球经济治理体系变革的紧迫性越来越突出。在经济建设方面，近五年来中国取得了辉煌成就，积累了丰富的发展经验，并创造性地提出了“创新、协调、绿色、开放、共享”的发展理念。将发展问题作为中国参与和引领全球治理的主要议题，既契合了世界各国的需要，也有助于进一步发挥中国作为发展中大国的优势。中国的发展理念和经验日益展现出来的吸引力，本身即是中国话语权的直接体现，更为广大发展中国家提供了有借鉴价值的“中国经验”。近年来，中国发展新型多边开发机构，利用以金砖国家为代表的新兴市场国家合作机制的聚合作用，不断加强以南南合作为基础的国际发展合作框架，在全球治理机制中，提出维护发展中国家利益的“中国方案”，积极推动国际秩序向更加公正合理的方向发展。

当前，逆全球化及西方贸易保护主义之风抬头，世界发展环境复杂多变，基于不同理念和利益诉求的大国博弈加剧，国际秩序进入深度调整与重构时期。这预示着中国发展的外部环境面临许多重大考验和挑战，也意味着世界更加需要中国在维护世界和平与稳定方面发挥更大作用，作出更大贡献。在新时代，中国的命运与世界的未来更加息息相关。

## 中篇

# 中国如何取得现在的成就?

# 第三章
# 独立自主地选择适合国情并顺应时代潮流的发展道路

中国崛起具有世界意义，这是当今世人对中国的基本共识。

这种意义不仅体现于中国发展对世界经济与政治格局带来的巨大影响，

而且反映在中国的成功经验给其他发展中国家寻求现代化提供的重要启示。

如果用一句话概括中国发展的成功经验，

那就是独立自主地探索和选择适合国情并顺应时代潮流的发展道路。

这个概括凝聚了近代以来中国从古典文明向现代文明转型的曲折经历与丰富智慧，其中实际包含了中国发展成功的三条经验：

一是独立自主地选择发展道路；

二是依据自身国情探索发展道路；

三是顺应时代潮流和世界大势把握发展道路。

# 第一节
# 中国从古典文明向现代文明转型的艰难历程（1840—1949）

## 01

从传统古典文明向现代文明转型，是工业革命以来人类社会所经历的一场深刻变革，这个转型过程通常也被称为现代化。现代化以工业化为动力，推动传统农业社会向现代工业社会转型，从前现代社会向现代社会转型。工业革命带来的现代生产方式对世界历史进程造成广泛、深刻影响，涉及经济、政治、文化、思想各个领域。一方面，正如马克思所言，这种现代生产方式把单个国家的历史活动“纳入世界性历史的共同活动”，消灭了以往自然形成的各国孤立状态，使每个文明国家以及这些国家中的每一个人的需要的满足都依赖于整个世界。另一方面，工业革命拉大了各大文明区之间的发展差距，形成了自农业革命以来的世界第二次大分化：世界的一端是工业国和现代工业文明，那里内源的现代生产力在新技术的基础上持续和高效率地增长；另一端是农业国和传统农业文明，被迫与工业国之间形成不平等的国际产业链，那里的农业仍在原始技术的低效率基础上停滞和徘徊，或是在外来的现代生产力挤压下扭曲增长。

现代化虽然是一种世界性历史进程，但在不同国家和地区，通往现代化的道路不尽一致。有关现代化的理论研究依据动力来源的不同，将通往现代化的多样化道路概括为两大类：一类是内源性现代化，即依靠社会自身力量产生的内部创新推动，经历漫长过程实现的社会变革。外来因素在这种变革过程中只起次要作用，这类现代化道路又称为内源性变迁。另一类是外源性或外诱型现代化，即在国际环境影响下，社会受外部冲击而引起内部的思想和政治变革并进而推动经济变革的道路。由于内部创新居次要地位，这种变革又称外诱变迁。不过，这两种现代化进程并不是纯粹的，它们都是国际的开放性的变迁。即使是内源性现代化也是处在国际性因素的交互影响之下，而不是封闭性的自我转变。所以不应把内源性与外源性现代化截然对立起来看待。对一个国家的现代化，只能相对地判断内源和外源因素哪一种起主导作用。内源性现代化是在西方基督教文明的历史背景和传统下孕育起来的，英国、西欧大陆与北美等世界上最早进入现代化的国家都是内源性现代化。晚近的外源性现代化则主要发生在亚洲、拉美和非洲等欠发达地区。中国学者罗荣渠指出，后进的外源性现代化面临的社会历史条件具有其独特性。与内源性现代化不同，出现外源性现代化的国家处在完全不同的历史条件和国际发展环境之中，现代生产力要素和文化要素主要是从外部移植或引进的，工业化投资很大程度上依靠外国资本而不是本国内部积累，市场发育不成熟，经济运行机制不完善，因而现代化过程充满扭曲和突发性暴力震荡。因此，尽管任何现代化过程都会出现传统与现代性的冲突，但在西方现代化的过程中，这种冲突是缓慢展开的，是在同质文化圈中进行的，变革对历史传承性的破坏是长期渐进性的。而在非西方现代化过程中，这种冲突通常会被压缩在较短时期内，是突发性的，而且是异质文化之间的激烈撞击，到处都引起历史传承性的断裂。

中国与西方列强的第一次正面较量始于1840年的鸦片战争。这次冲突打开了中国长期封闭性发展的格局，开启了中国通向现代世界的纪元。此后一个多世纪的沧桑巨变，见证了中国现代化道路的艰难历程。与印度、日本等亚洲国家类似，中国的现代化进程也是外力推动型的，但涉及因素更加复杂。据印度有关学者粗略估算，1870—1952年，中印两国的国内生产净值的年均增长率分别为1.1%和1.5%。在这80多年中，中国经济增长率不仅低于印度，更低于西方国家工业化时期的增长速度。例如，英国在1790—1820年间的经济增长率为2%，美国在1820—1850年间是4%，德国在1850—1880年间是2.7%。中国在1949年以前的长时期的低增长率，说明中国现代化推进速度异常艰难缓慢，因为鸦片战争后中国从前现代社会向现代社会转型一直受到内外多重因素的制约。

首先是“中国中心”观导致的时代性错误使中国不能客观地认识世界形势。数千年来中国都是以“中国”和“四夷”构筑的坐标系统来认识世界。15世纪郑和下西洋在中国史上尽管传为佳话，但并未造就出中国的“地理大发现”时代，反而强化了中国人“华夷之辨”的世界观。这种观念造成的时代性错误，并未因鸦片战争而立即得到纠正，而是一直持续到第二次鸦片战争之后。尽管鸦片战争后中国被迫卷入前途未卜的现代世界经济与国际体系的汪洋大海之中，但清王朝仍拒绝去重新认识中国与外部世界的关系，而是在很长一段时期内死抱“中国中心”的残破罗盘，始终搞不清自己在现代世界坐标上的准确位置，外交上拒绝与西方使节直接交涉，一切仍通过专办“夷务”的钦差大臣办理，军事上仍不愿过问现代科技。第二次鸦片战争时期，由于同时面临内外三重压力，即英法联军兵临京城，沙皇俄国趁火打劫，掠夺中国100多万平方千米土地，太平天国运动席卷大江南北，清王朝才第一次认识到帝国面临的严重危机。1860年后清廷欲借助西方军事技术以维护和巩固天朝制度，客观上有利于引进西方先进科技。从生产力变革角度看，中国的工业化始于1860年后兴起的洋务运动。

除上述传统文化的封闭因素外，制约中国现代化进程的第二类因素来自中国政治结构和制度因素。始于1860年前后的洋务运动虽然姗姗来迟，但从当时世界形势看，并不算晚。这时外来侵略压力还不算特别严重，因为欧洲大部分国家正忙于自己的工业化，而当时国际环境也提供了新的发展机遇。以电力技术为核心的新产业正掀起工业革命的第二次浪潮，德国、意大利、俄国正借助这次浪潮发展自己，日本明治维新兴起更晚。但由于受多方面的制度制约，持续30多年的洋务运动取得的成就与上述国家相比不可同日而语。洋务运动主要靠地方级官员发起推动，这就决定了改革的层次较低。举凡遇到稍微重大的情事，如改革学制与政制、修铁路、开矿山等，超出地方有限权力范围，往往无人做主，致使改革措施相互推诿，难以启动。此外，中国现代企业的发展缺乏良好的运营环境。洋务运动经历了从官办到官商合办或官督商办的发展道路，此路与其他晚近现代化国家走过的路径差不多。但区别在于，在发现官营不如民营之后，洋务运动的变革措施远不如日本等国有效，主要问题是中国没有振兴经济的全局考虑，没有推动工业化的成套设施，没有保护私有产权的法律保障。

制约中国现代化的第三类因素是外来势力的冲击。这类因素的影响在中日甲午战争后变得越来越突出。尽管中国的现代化与半殖民地化同步，但鸦片战争至中日甲午战争的半个世纪里，中国的半殖民地化程度并不很深。在此期间，西方列强对中国的侵略主要是经济渗透，渗透方式主要是获取与外贸有关的特权如海关关税、航运权等。这基本是一种间接性掠夺，未从根本上改变中国原有生产方式。此时中国对世界市场的依附是有限的，也很少举借外债，中国的门户对外处于半开放状态。中日甲午战争宣告了洋务运动的失败，是中国现代化进程的转折点，因为洋务运动失败是中国落后于世界现代化大潮的关键一步。中日甲午战争也是中国加速半殖民地化的起点。它从根本上改变了中日两国在东亚政治格局中的地位，也标志着世界列强瓜分中国的狂潮开始到来。中日甲午战争后的半个世纪中，中国半殖民地化的程度日益加深，局部地区被完全殖民地化。外国势力在中国政治和经济生活中的影响上升到支配地位，对中国现代化进程的干扰越来越大，从外贸领域扩大到投资、生产、销售、金融各个领域，中国原有的自给自足的小农和手工业生产方式进一步瓦解，中国在经济上和财政上对世界列强的依附加深。1911年辛亥革命推翻千年帝制，许多受帝制束缚、有利于解放生产力的因素本有可能释放潜能，但受不平等条约的重重束缚，这些因素在1912—1949年间并没有得到充分利用和发挥。外来势力对中国现代化进程的最大冲击来自日本企图独霸中国的侵略。日本侵华的野心在中日甲午战争后不断膨胀。日本为争夺中国东北赢得1904—1905年的日俄战争，1915年企图逼迫袁世凯政府接受灭亡中国的“二十一条”，1931年制造九一八事变侵占中国东北全境，1937年制造卢沟桥事变发动全面侵华战争。20世纪30年代日本发动的侵华战争把中国工业化进程几乎完全打断。据国际有关测算，1914—1934年，中国经济年均增长率为2%—2.5%。按此推算，1933—1953年20年间中国大陆GDP应增加1.63倍，而实际上这一时期只增加了28%。日本侵华使中国工业化进程至少延误了20年。总之，中日甲午战争后的半个世纪，由于中国的半殖民地化日益加深，中国经济的现代化进程是在极端动荡、扭曲的环境下推进的，有关现代化发展的一切政治、经济、文化改革，都不可能像在主权独立的社会环境中那样正常进行。

总体来看，1840—1949年，中国从前现代社会向现代社会的转型有以下特征：其一，中国现代化的启动是缓慢的，过程漫长而且充满曲折艰难，经济增长和社会变革速度比早期工业化或同时期开始工业化的国家都要慢。其二，中国现代化是在一个幅员辽阔、人口众多、工业基础落后、有着千年自给自足封闭循环发展传统的农业大国中进行的。梁启超早就指出："中国以地太大民族太大之故，故其运动进步，常甚延缓。"在历史传统悠久、结构牢固的社会推动变革，尤其艰难。其三，中国现代化是在异乎常态的内外环境中进行的，多重矛盾相互交织，包括外来殖民主义侵略与中国人民反侵略的矛盾，工业化现代生产方式与中国传统自给自足生产方式的矛盾，以基督教为核心的西方现代工商文明与以儒家文化为核心的华夏农耕文明的矛盾。这些矛盾性质不同，相互缠绕，共同影响中国现代化进程。在这种背景下，中国社会转型呈现多种趋势齐头并进的态势：传统社会的衰败化，外来势力推动的半殖民地化，中国人民救亡图存的革命化，世界变革浪潮推动下的工业化与现代化，整个过程跌宕起伏，代价极其高昂，牺牲极其巨大。其四，中国1840年后漫长的现代化过程经历了世界现代化浪潮在不同时期的多次冲击，是一个不断选择和变换发展模式的过程。1840—1949年的100多年间，中国对西方和周边及日本出现过的各种现代化模式几乎都进行过急于求成的盲目性尝试，但均以失败告终。这种失败并非偶然。罗荣渠先生指出，纵观近世以来世界各国现代化，凡属成功经验都是具有独立自主性的选择性现代化，而盲目照搬外来模式的现代化未有不遭遇挫折者。中国鸦片战争后盲目照搬外国模式累积的失败教训，为日后中国创造性地探索适合自身国情并顺应时代潮流的现代化道路从反面提供了启示，这是总结1840—1949年这段时期中国现代化经验不可忽视的意义。

## 第二节
## 新中国对国家发展道路进行了艰辛曲折的探索
## （1949—1978）

02

1949年10月1日，中华人民共和国成立。中国政府决定“另起炉灶”“打扫干净屋子再请客”，宣布废除旧中国与外国签订的一切不平等条约，要在平等基础上同各国建立新的外交关系，彻底清除100多年来殖民者和入侵者在中国各个领域的特权和影响，甩掉沉重的历史包袱。

然而，新中国在选择自身发展道路时，不得不面对国内外环境的种种制约。从国内环境看，中国经济可谓一穷二白，百废待兴。经历一个多世纪几乎从未间断的社会动荡与战乱，中国经济已经落后于西方至少百年以上，工业基础极其薄弱，农业生产方式原始落后，国民经济处于彻底瓦解的边缘。而这时，主要的西方国家已经完成了两次工业革命，现代化进程仍不断提速。从国际形势看，新中国并没有立即全力进行经济建设与国家发展的条件：当时，国际上以美国、苏联为首的资本主义和社会主义两大阵营对峙的冷战格局已经形成；特别是在朝鲜半岛爆发战争后，西方对于向社会主义阵营“一边倒”并出兵抗美援朝的中国采取了政治孤立、经济封锁、军事包围政策。在这样的内外环境下，新生政权如何生存下去并尽快改变国家一穷二白的面貌，是第一要务。

在此背景下，中国虽然选择了苏联模式作为发展样板，但在新中国成立初期仍从国情出发，并未马上形成高度依赖集中行政协调的计划经济体制，而是建立了多种经济成分并存的新民主主义经济体制。应该说，在当时的历史条件下，这样的发展路径有其合理性。中国仅用三年的时间就奇迹般地在战争废墟上恢复了国民经济。1949年，在全国工业总产值中，轻工业占73.6%，重工业仅占27.3%。到1952年年底，工农业总产值比1949年增长77.5%，现代工业在工农业总产值中的比重占26.6%，重工业在工业总产值中的比重达到35.5%。在当时的历史环境下，这样的发展速度已经相当亮眼。但是，如果与世界其他国家横向对比的话，中国的工业水平实际上仍低于1860年时的英国、1890年时的法国，仅接近于1910年时的俄国。若按人均标准衡量，更是落后于英国这一老牌工业化国家约200年。

1953年朝鲜半岛停战后，中国才有条件将主要精力投入经济建设。“一五”时期，中国开展了以“156项工程”为中心的大规模工业建设。这一时期中国选择的发展战略有两个突出特点，一是全面模仿苏联模式，通过对工商业私营企业的赎买改造，将市场与计划相结合、多种经济成分并存的经济体制改造为公有经济一统天下、高度集中的计划经济体制。二是为应对台湾海峡局势和冷战压力，迅速增强军事能力，实施了重工业优先的战略。这一阶段的发展战略，成就是主要的，为工业体系奠定了重要基础，大大缩短了中国与发达国家工业发展水平的距离；但转向高度依赖行政计划的经济体制，也为日后国家发展带来了隐患。

1958年后，受国内外形势变化影响，中国发展战略冒进倾向越来越突出。1958—1962年的“大跃进”和人民公社化运动，要“跑步进入共产主义”，脱离国情，急于求成，浮夸风盛行，既不尊重自然规律，也不尊重社会发展规律，对经济与社会造成极大破坏。1966—1976年的“文化大革命”更是一场浩劫，导致了全国范围的大动乱，法制环境遭到空前破坏，国民经济数次站在“濒临崩溃的边缘”。

总体看，1949—1978年，中国对怎样建设国家、如何从国情出发遵循和运用现代化的发展规律，在认识和理解上有诸多时代局限性，在探索国家发展道路的过程中经历了许多曲折，犯了不少错误，走了不少弯路，也付出了很大的代价。但尽管如此，这一时期中国在各个领域仍然取得了不俗的建设成就。

1952—1978年，工农业总产值平均年增长率为8.2%，其中工业年均增长11.4%。按照不变价格计算，国内生产总值从1952年的679亿元增加到1976年的2943.7亿元，人均国内生产总值从1952年的119元增加到1976年的316元。以工业这个衡量国家现代化水平的重要指标来看，中国的进步速度惊人，主要工业品的生产能力飞跃发展。钢产量从1949年的16万吨发展到1976年的2046万吨，发电量从1949年的43亿度发展到1976年的2031亿度，原油从1949年的12万吨发展到1976年的8716万吨，原煤从1949年的3200万吨发展到1976年的4.83亿吨，汽车产量从1955年年产100辆发展到1976年的13.52万辆。1964年10月16日，中国成功地爆炸了第一颗原子弹，1967年6月17日，爆炸了第一颗氢弹，1970年1月，第一枚中远程导弹发射成功，同年4月，第一颗人造地球卫星发射成功，1975年11月，可回收人造地球卫星试验成功。中国在某些尖端科技领域也开始接近当时的世界先进水平。

在铁路、交通运输等基础设施建设方面，同样得到较快的发展。旧中国在73年间修筑铁路2.18万千米、公路8.07万千米。而到1976年，中国的铁路达到4.63万千米，公路达到82.34万千米，初步形成了覆盖全国的路网骨架，并掌握了自主设计制造万吨级远洋轮船的能力。

通过兴修水利等措施，农业生产有了显著改善。1949—1976年，粮食总产量从2263.6亿斤增加到5726.1亿斤，亩产量从137斤提高到316斤。棉花总产量从888.8万担增加到4110.9万担，亩产量从22斤增加到56斤。

客观地看，对中国探索自身发展道路来说，这一时期有正反两方面的意义。其一，这一时期国家在各个领域建设所取得的成绩，为后来40年改革开放、实现跨越式发展奠定了初步的物质基础。其二，这一时期国家建设上出现的失误、经历的曲折，为日后改革开放提供了教训和启示。特别是“文化大革命”，不仅令人痛心疾首，而且引发深刻反思，这种反思对中国改革开放的开启具有重要意义。

# 第三节 改革开放是中国发展的必由之路（1978—2018）

03

1978年12月18日，中共十一届三中全会开幕，会议作出了改变中国历史进程的决定，告别封闭半封闭状态，打开国门搞建设，开启了中国对内改革、对外开放的新时代。

中国已经与世界隔绝得太久了，中国不了解外面的世界，世界也不了解中国。打开国门，推动改革并不容易。当时的情形是“有方向，少方案”“有决心，缺经验”。邓小平坚持实践是检验真理的唯一标准，鼓励先干起来再说，“摸着石头过河”，迈出一步，踩稳了，再迈出下一步。

20世纪80年代初，在试办蛇口工业区的经验基础上，中国兴办了深圳、珠海、汕头、厦门等经济特区，实行了许多特殊政策和灵活措施，开始突破原有计划经济体制的约束，这些特区成为中国对外开放形象的展示窗。随后又进一步开放天津、上海、大连、烟台等14个沿海港口城市，在长江三角洲、珠江三角洲和闽南金三角开辟沿海经济开放区。随后，杭州、南京、沈阳等140个市、县划入经济开放区，海南建省并成立海南经济特区。1990年，开发开放上海浦东，浦东新区成为又一张名闻海内外的中国改革开放名片。中国的改革开放由点及面，由沿海到内陆一步步铺展开来。

2001年，经过15年马拉松式的谈判，中国加入世界贸易组织，成为全球多边贸易大家庭的第143个成员，中国与世界其他地方有了共通的“经济语言”，融入了全球贸易体系。改革开放的过程就是中国拥抱世界，把握经济全球化大势，顺应时代潮流的过程。中国实行改革开放适逢第三次全球性产业转移，欧、美、日等发达国家和亚洲“四小龙”等新兴工业化国家和地区把劳动密集型产业和低技术型产业转出，中国大陆成为最重要的承接者。1992—2007年，中国连续成为发展中国家吸收外商直接投资最多的国家，累计利用外资超过8200亿美元，成为“世界工厂”。中国快速吸收了工业文明成果，融入新一波经济全球化浪潮。

改革开放使中国经济实力迅猛增长。1979—2017年，中国经济平均增长率为9.5%，高于世界各主要经济体同期平均水平。中国经济总量2010年超过日本，成为世界第二大经济体，2017年GDP已达12.3万亿美元。经济结构实现重大变革。2017年，服务业比重提升至51.6%，比1978年上升27个百分点，对经济增长的贡献率达58.8%，提高30.4个百分点。经济增长已主要由内需拉动。2017年末，中国常住人口城镇化率为58.52%，比1978年末上升40.6个百分点。对外经贸关系在量和质上不断丰富，2001年加入世贸组织，融入世界经济体系，全方位开放新格局逐步形成。改革开放初期，中国对外经济活动十分有限，1978年货物进出口总额仅为206亿美元，位居世界第29位。2017年，货物进出口总额达到4.1万亿美元，比1978年增长197.9倍，年均增长14.5%，居世界第一位。外商投资规模和领域不断扩大。

改革开放使中国的产业和基础设施飞速发展。统计显示，农业基础地位不断强化。2017年，中国粮食总产量稳定在1.2万亿斤以上，比1978年翻一番。近年来，我国谷物、肉类、花生、茶叶产量稳居世界第一位，油菜籽产量稳居世界第二位，甘蔗产量稳居世界第三位。工业生产能力不断提升。2017年，钢材产量10.5亿吨，比1978年增长46.5倍；水泥产量23.4亿吨，比1978年增长34.8倍；汽车产量2902万辆，比1978年增长193.8倍。交通运输建设成效突出。2017年末，铁路营业里程达到12.7万千米，比1978年末增长1.5倍，其中高速铁路达到2.5万千米，占世界高铁总量60%以上。2017年年末，公路里程477万千米，比1978年年末增长4.4倍。邮电通信业快速发展。2017年年末，全国移动电话普及率达到102.5部/百人；建成了全球最大的移动宽带网，移动宽带用户达11.3亿户。科技创新成果大量涌现，体现在载人航天、探月工程、量子科学、深海探测、超级计算、卫星导航、高铁、核电、特高压输变电等领域。近年来，战略高技术领域取得重大原创性成果，高端装备大步走向世界。

改革开放使中国人的生活水平和质量不断改善。中国占世界1/5的人口从温饱不足迈向全面小康。1978年，全国居民人均可支配收入仅171元，2009年突破万元大关，2014年突破2万元大关，目前正向3万元大关迈进。2017年，全国居民人均可支配收入达到25974元，扣除价格因素，比1978年实际增长22.8倍，年均增长8.5%。按照2010年标准，改革开放之初，全国有7.7亿农村贫困人口，贫困发生率高达97.5%。2017年年末，全国农村贫困人口减少为3046万人，累计减少7.4亿人，贫困发生率下降至3.1%。中国扶贫、减贫工作力度和成效为世界称道。15岁及以上人口平均受教育年限由1982年的5.3年提高到2017年的9.6年，劳动年龄人口平均受教育年限达到10.5年。高等教育向普及化阶段快速迈进。2017年，高等教育毛入学率达到45.7%，高于中高收入国家平均水平。公共卫生事业成就瞩目，“健康中国”建设稳步推进，居民预期寿命由1981年的67.8岁提高到2017年的76.7岁，接近发达国家和地区的水平。

改革开放使中国人的精神面貌发生了深刻变化。40年来，中国人的精气神儿也在变，变得积极、理性、更有胸怀和眼界。人们对高质量生活的向往和探索外部世界的欲望被激发出来。1979年，瑞士“雷达表”的广告在上海电视台等媒体发布，成为改革开放后第一个在内地做广告的外国品牌。广告之后，人们蜂拥到商场柜台问询。人们对金钱的态度早已变得理性坦然，推崇“勤劳致富、富裕光荣”的理念，一生财富积累的目标从改革开放初期的“万元户”到今天上不封顶的“财务自由”。“世界那么大，我想去看看”。1995—2016年，中国出境旅游人数由0.05亿人次升至1.35亿人次，年均增长17.6%，排名从世界第17位升至首位。迈出去的是脚步，改变的是眼界。人们不仅关心家长里短，也越来越关心“大家的事儿”“地球的事儿”，气候变化和环境保护也成为不少家庭的餐桌话题。根据相关机构调查，支持政府限制温室气体排放和继续参与《巴黎协定》的民众比例高达97%和94%。

改革开放以来，中国经济与社会进步不仅发展了自己，也造福了世界。1979—2017年，中国对世界经济增长的年均贡献率为18.4%，仅次于美国，居世界第二位，特别是2008年金融危机以来，中国对世界经济增长的贡献率超过30%。中国已连续多年成为世界经济稳定和增长的发动机。值得关注的是，随着中国经济增长模式的转换，在保持重要货物贸易大国地位的同时，进口额的比重正在增长。2012—2017年，中国的进口总额仅次于美国，稳居世界第二位。2018年11月在上海举行的中国进口博览会更是国际贸易史上的创举，170多个国家和地区与会，展示了中国持续扩大开放的坚定意志和决心。在当前国际政治经济形势不确定性增加的背景下，中国进口需求的不断增长，对全球经济的稳定和复苏作出了贡献，让其他国家和地区分享中国发展所带来的机会。

如今，中国的发展正遭遇新的关坎与挑战。2018年，中美之间的贸易摩擦加剧升级，目前美国已对中国部分输美商品加征关税，给两国经贸关系和全球经济复苏增长前景蒙上了阴影。中美贸易摩擦表明，国际上有些人对中国的发展道路、成绩及目标的质疑有所增加。这一方面可以通过国与国之间存在的正常竞争心态来解释，另一方面也反映了某些人士的狭隘心理。“中国人的好日子过得太久啦”这样露骨的话脱口而出，反映的是一种非正常、非理性的心态。还有人说，阻止中国强大起来已经为时过晚，美国就要输掉比赛了。可是，在经济全球化不断发展的时代，阻止中国强大起来难道是合理的想法吗？而且，为了给某些全面遏制中国发展的主张找到销路，这些人士不断夸大其词，说中国将通过军事力量来保卫自己的新地位，并以所谓隐秘的方式试图取代某些国家的全球霸权地位。对于中国根据自己国情选择的发展道路，他们更是抱着并不光明的心态加以揣摩，比如说中国在改革旧体制过程中为了减少动荡和错误而秉持的“摸着石头过河”的审慎思维，是精心设计用来隐瞒中国发展战略真正目标的手段。这种看法真让人大开眼界，不得不佩服有些美国人的想象力。看看邓小平在1984年怎么说的，“我只是提出中国应该采取更灵活政策这么一个非常笼统的建议。其他人得去落实这个建议，但我完全支持他们的改革，我确信改革是必要的。到目前为止，我们在实施新政策方面所取得的成绩证明我是正确的”。

改革开放40年来中国所经历的沧海桑田为世人所共睹。毫无疑问，中国改革开放40年取得的辉煌成就是中国人一点一滴、一步一个脚印干出来的，而不是谁的施舍和恩赐，更不是谁“重建”了中国。当然，中国的发展需要良好的外部环境，当前中国外部环境的变化确实给中国经济发展、政治安全、社会稳定等造成了压力和影响。但今天的中国有应对国际风云变幻的定力与实力。中国的综合实力已经不是小池塘，而是一片大海，并不是可以轻易掀翻的。更加重要的是，中国对适合自身并顺应时代潮流的发展道路有了更清醒的理解和认识，越来越明白自己从哪里起步、走到了哪里、未来将走向何方。中国正视外部环境的新变化，同时坚信开放带来进步，封闭必然落后。中国将扎扎实实做好自己的事情，继续深化改革，推动开放合作，中国开放的大门不会关闭，只会越开越大！

# 第四章
# 坚持走和平发展道路

坚持走和平发展道路，

是中国政府和人民继承中华文化的优秀传统、

根据时代发展潮流和中国根本利益做出的战略抉择，

是中国发展的内在需要，

也是中国防御性国防政策的外在体现。

## 第一节
## 农耕文明与中国文化的和平基因

01

中国外交思维与中国传统文化一脉相承。中国传统文化崇尚“和而不同”“以和为贵”“亲仁善邻”“协和万邦”等理念。这些理念既是几千年来中国处理对外事务的思想哲学，也是今天中国和平发展政策的思想源泉。

中国传统文化蕴含和平基因，其产生与古代社会的经济环境密不可分。中华民族发源于黄河、淮河、长江三大水系的中下游流域，地处暖温带，气候温暖湿润，土地肥沃。由于水足地沃，气候适宜，中国先民们在没有掌握铁器和耕畜等生产手段的情况下，仅仅运用木石工具就可以开垦大片的农田，从而顺利地进入农耕文明，通过发展农业实现丰衣足食，并创造出辉煌文明，以农为本奠定了华夏民族的主体地位。中国传统农耕文明需要稳定、安宁的社会环境与秩序，只要能够保证文明内部的平衡、稳定与秩序，保证人和土地的结合，文明就可以得到生存、发展与繁荣。由于中国古代农耕文明可以实现自给自足，无须依赖外部资源，因而难以产生对外扩张的动机。对外扩张对于农耕文明而言，意味着生产力的破坏，乃至文明重心的失衡和整个社会秩序的崩溃。汉武帝时，“征伐四夷，开置边郡，军旅数发”，造成“盗贼滋起”。汉武帝晚年下诏罪己，“由是不复出军”，宣称“方今之务，在于力农”。中国古代兴兵作战的根本目的，是为农业生产创造一个必备的安定环境，保障国家的安全和社会的稳定。自秦迄明，历代统治者均修建长城，以抵御游牧部落对中原的侵扰。他们认为只要把中原治理好，就可以治国平天下，“中国(中原)既安，四夷自服”。正所谓:“夫四民之中，农居大半，男耕女织，各司其业，治安之本，不外乎此。”

受农耕文化影响，中国古代哲学思想崇尚和平，厌弃战争，主张王道、德化，反对帝王之勤远略、观兵域外。中国文化的核心是儒家文化，儒家文化的精髓之一就是“和为贵”，主张“和衷共济”。道家学派对战争持基本反对和否定的态度，认为“师之所处，荆棘生焉；大军之后，必有凶年”；“兵者不祥之器，非君子之器，不得已而用之，恬淡为上”。墨家学派主张“兼爱”“非攻”，认为“若使天下兼相爱，国与国不相攻，家与家不相乱，盗贼无有，君臣父子皆能孝慈。若此，则天下治”。兵家对待战争的基本观点是主张“尚武不黩武”，“贵和重人，不尚战”，“不战而屈人之兵，善之善者也。”这种“不以兵车，一匡天下”的思维，渗透于中国人的灵魂深处。

上述思想均产生于春秋战国时期，这一时期诸侯国为争夺霸权和最终统一中国，彼此之间征战不断，合纵连横之术大行其道，但当时的哲学思想并非皆迎合诸侯争霸的需要，而是崇尚和平和人本主义。这些进步的思想对后世中国统治精英产生深远影响。唐太宗李世民在总结历史教训时说：“自古以来穷兵极武，未有不亡者也。”并强调“兵者，凶器，不得已而用之”。清朝康熙帝认为:“仁者无敌，此是王道。与其用权谋诈伪无稽之言，不若行王道，则不战而敌兵自败矣。王道二字，即是极妙兵法。”他在上谕中曾说:“守国之道，惟在修德安民，民心悦，则邦本得，而边疆自固，所谓众志成城者是也。”晚清重臣曾国藩曾指出：“恤民以保邦乃千古帝王之常经，亦我朝列圣之家法。在中国多事，洋人方张，亦不能因曲循和议而不顾内地民生之困；即异日中国全胜，洋人衰弱，我亦但求保我黎民，而别无耀兵海外之心。”清代洋务运动的代表李鸿章曾大力发展海军，但他明确指出：“我之造船本无驰骋域外之意，不过守疆土、保和局而已。”中国民主革命先行者孙中山先生极为珍视中国自古以来的和平思想，他认为，“盖吾中华民族和平守法，根于天性，非出于自卫之不得已，决不肯轻启战争”，“惟中国数千年来，即知和平为世界之真理。人人均抱有此种思想，故数千年来之中国，纯向和平以进行”。

中国古代的和平思想深刻影响着中国对外关系的处理。中国明代著名航海家郑和“七下西洋”，远涉亚非30多个国家和地区。临行前明成祖在诏谕中告诫：“不可欺寡，不可凌弱。庶几共享太平之福。若有摅诚来朝，咸锡皆赏。”郑和船队所到之处，“不穷兵，不疲民，而礼乐文明，赫昭异域”；他们宣读皇帝诏书，赠予各国君主印绶、冠服和礼品，表达中国与各国“共享太平之福”的美好愿望。马来西亚总理马哈蒂尔曾说，郑和一行，带去的是贸易货物，传播的是文化和友谊，没有战争和侵略，与其后的欧美殖民者截然不同。1840年以前，中国一直是东亚最强大的国家，但中国鲜有王朝将对外扩张作为自己的基本国策。布热津斯基曾指出：“在中国的全盛时期，中国在全球没有可以与之相匹敌的国家，这是指没有其他大国能够向中国的帝国地位挑战，甚至如果中国想进一步扩张的话，也不会有任何其他大国能够抵挡中国的扩张。中国的体系是自成体系和自给自足的……对异族和地理上处于周边的附庸国，中央只比较有限地使用力量。”

中国文化的和平特性得到西方有识之士的认同和钦佩。20世纪20年代，在中国生活了近两年的英国哲学家罗素由衷地感叹：“在中国人至高无上的伦理品质中，我把和平的态度放在第一位，它寻求在公正的基础上解决争端而不是诉诸武力。”他指出：“如果世界上有‘骄傲到不肯打仗’的民族，那么这个民族就是中国。中国人天生的态度就是宽容和友好，以礼待人并希望得到回报。假如中国人愿意的话，他们将是世界上最强大的国家。但他们希望的只是自由而不是支配。”英国历史学家汤因比指出：“世界统一是避免人类集体谋杀之路。在这点上，现在各民族中具有最充分准备的，是两千年来培育了独特思维方式的中华民族。”美国作家赛珍珠认为：“中国的哲学是智慧的哲学，它富于和平和自我控制。”日本学者池田大作曾说：“与其说中国人是有对外推行征服主义野心的民族，不如说是在本质上希望本国和平与安泰的稳健主义者。实际上，只要不首先侵犯中国，中国是从不先发制人的。近代以来，鸦片战争、中日战争、朝鲜战争以及迄今和中国有关的战争，无论哪一次都可以叫作自卫战争。”

## 第二节
## 近代以来饱受外辱令中国人民格外珍视和平

02

自鸦片战争以来，中国屡遭西方殖民和列强势力侵略，被迫割地赔款，中国人民饱经战乱和穷困之苦，经历百年耻辱。一些国家担心，中国强大后会向当年侵华国家清算历史或者走上国强必霸之路。这种揣测基于西方的历史经验，缺乏对中国文化和民族性以及当代中国外交政策的深入了解。

中国政府在对待历史问题上，一方面坚持“前事不忘，后事之师”，牢记历史教训；另一方面本着“向前看”的态度，同曾经给中国造成苦难的国家发展和平友好关系。中国政府和人民在战后处理日本侵华问题上的做法已充分体现了这一原则。20世纪日本军国主义发动侵华战争，造成3500多万中国军民伤亡。日本战败后，国共双方本着“以德报怨”和“宽大政策”的精神对待日本战犯，除处决少数罪大恶极的战犯外，大多数战犯经改造后均释放回国。战争结束初期，有150多万日本侨民滞留中国，这些侨民有相当一部分曾是日本军国主义侵华的工具，但中国人民并未对其进行报复和迫害，而是为其提供交通运输和其他便利条件，协助他们返回国内。战后中国百废待兴，急需资金发展经济，但中国政府大度地放弃了对日本的战争赔偿要求。中国政府的相关努力争取了爱好和平的日本人民，为两国世代友好奠定了民意基础。

忠恕之道是中国儒家处理人际关系的基本原则。朱熹解释说：“尽己之心为忠，推己及人为恕。”“己所不欲，勿施于人”是这一原则的重要体现，它强调将心比心，不将自己的意志强加于人。新中国成立后，中国政府多次公开宣示，中国反对各种形式的霸权主义和强权政治，不干涉别国内政，永远不称霸，永远不搞扩张。作为新中国不称霸政策的确立者，毛泽东指出：“侵略就是犯罪，我们不侵犯别人一寸土、一根草，我们是爱好和平的，是马克思主义的。……我们非常谨慎小心不盛气凌人，遵守五项原则，我们自己曾是被欺侮的，知道受欺侮的滋味不好受。”邓小平也曾说过：“我国有一百多年被侵略的历史，被那些称霸的帝国主义国家欺负，我们知道被欺负、被奴役、被压迫的味道。称霸这个事情干不得，凡是称霸的最后总是要倒的。”永远不称霸的信念已深入中国民众心中，坚持走和平发展道路已经被写入了中国宪法和中国共产党党章。

不称霸政策体现在中国的国防政策中。新中国成立后，曾为了保家卫国和反击邻国侵扰，进行抗美援朝战争和对印度、对越南自卫反击作战。每次战争结束后，中国没有在邻国长期驻军或占领领土，而均撤回战争开始前的边界。新中国成立以来，中国先后11次裁军，军队人数从627万减少到200万。上述举措均说明中国坚持防御性国防政策，无意对外扩张，不谋求建立势力范围。

中国有2.2万千米的边境线和1.8万千米的海岸线。中国还没有实现国家的统一，周边拥核国家数量超过其他任何核大国，与其他国家相比，中国的安全环境相对更为复杂。近代悲惨遭遇不断提醒中国人民要珍惜和平、居安思危。与其他国家一样，为了适应国防形势发展变化，中国在经济发展和财政收入增长的基础上，适度增加国防开支，更新、维护装备，改善军人的生活待遇和基层部队训练生活条件。但中国绝对国防开支额仍低于西方大国：2018年中国军费开支位居世界第二，但与美国相比，仍仅相当于其军费开支的四分之一，人均军费开支仅有美国的十九分之一。中国的国防政策正日益开放，自1995年以来9次发表国防白皮书，不断提高国防政策的透明度。中国军队加强与美、俄等国军队的战略磋商和对话，邀请外军观察员观摩军事演习，释疑解惑，增进互信。

世界和平的维护需要各国共同努力。中国走和平发展道路，其他国家也都要走和平发展道路，只有各国都走和平发展道路，世界才能共同发展，国与国才能和平相处。中国作为联合国安理会常任理事国，具有维护世界和平的责任和义务。长期以来，中国军事装备相对落后，缺乏远程投送能力，无法为国际社会提供更多安全公共产品。随着中国国际影响力的提升，国际社会希望中国为国际和平与安全作更多贡献，这客观上需要中国加大防务投入力度，在捍卫自身国防安全的同时，为维护世界和平贡献自己的力量。

# 第三节
# 时代主题为和平发展创造了有利国际环境

03

当今世界正处于大发展大变革大调整时期，和平与发展仍然是时代主题，和平、发展、合作成为不可阻挡的世界潮流。这为中国坚持走和平发展道路创造了有利的外部环境。

当前，世界面临的不稳定性、不确定性突出，民族主义、民粹主义思潮抬头，世界经济增长动能不足，贫富分化日益严重，地区热点问题此起彼伏，恐怖主义、网络安全、重大传染性疾病、气候变化等非传统安全威胁持续蔓延，人类面临许多共同挑战。但与此同时，世界多极化、经济全球化、社会信息化、文化多样化深入发展，全球治理体系和国际秩序变革加速推进，各国相互联系和依存日益加深，国际力量对比更趋平衡，世界和平发展大势不可逆转。

受全球化影响，世界不同制度、不同类型、不同发展阶段的国家相互依存加强，形成“你中有我、我中有你”的命运共同体。人类再也承受不起世界大战，大国全面冲突对抗只会造成两败俱伤。面对日益突出的全球性问题，任何国家都不可能单独解决这些问题，国际社会必须携手应对。中国作为快速崛起的大国，既是应对各种挑战的利益攸关方，也是各国借重合作的重要对象。

经济全球化和科学技术的发展，特别是网络技术的发展，将整个世界联结起来，商品、服务、资金、技术、人员等以前所未有的规模和速度流动，越来越多的财富在流动中被创造出来。经济全球化和科技革命，为更多国家提供了通过经济发展和互利合作实现振兴的历史条件，越来越多发展中国家走上快速发展的道路。发展不再是发达国家的专利，发展的活力从发展的边缘地带、从穷乡僻壤中迸发出来，使得生产力分布不断调整、生产效率不断提高、生产成果不断为更多人所享有。全球化和信息革命，为中国利用后发优势实现跨越式发展创造了条件，为国内发展方式的转型升级提供了动力，为新兴产业缩小与发达经济体的差距提供了机遇。

虽然逆全球化、新保护主义思潮的兴起给中国利用全球化机遇带来新的挑战，但改革开放40年的物质基础和政策经验积累，使中国主动营造有利发展环境的能力大幅提升。中国经济总量已居世界第二位，工业化日新月异，基础设施逐步完善，产业配套能力不断提高，国民储蓄率显著高于世界上多数国家，新型城镇化进程稳步推进，人力资本和科技创新对经济增长的贡献逐步提高，全面深化改革释放制度红利，更高层次对外开放获得更多技术效应，“一带一路”倡议为对外开放拓展更广阔空间。国内外形势的发展，使中国可以在继续坚持改革开放政策条件下实现和平发展，而没有必要放弃这业已证明正确有效的发展战略。

和平发展也是中国基本国情的要求。在相当长历史时期内，中国仍将是一个发展中国家，这就决定了中国必须集中力量推进现代化，集中精力解决发展和民生问题。因此，中国始终需要和平稳定的国际环境，以开展对外交流合作。即使中国将来强大起来，和平依然是发展的基本前提，没有理由偏离和平发展道路。著名中国问题专家戴维·黑尔(David Hale)曾指出，中国的崛起道路是开放式的，这条道路造就了中国的成功，同时也制约了中国的走向、规范了中国的行为。中国难以承受对外军事扩张的代价，这就决定了中国主观上不愿、客观上也不会背离和平崛起的道路。中国已经确立了和平发展的国家战略，并为此制定了相应的政策。简而言之，就是通过争取和平的国际环境来发展自己，同时又通过自身的发展来促进世界和平及共同发展。这一整套战略和思维，为中国继续走和平发展之路提供了坚实的理论和政策基础，将长期指导中国的发展方向。

## 第四节
## 中国是世界和平的建设者和维护者

04

中国长期致力于世界和平与安全建设，是世界和平与安全的重要维护者。

中国是国际和平与安全领域新思维和新政策的重要倡导者。20世纪50年代，中国与印度、缅甸首倡和平共处五项原则，即互相尊重主权和领土完整、互不侵犯、互不干涉内政、平等互利、和平共处。这五项原则被世界绝大多数国家接受，成为规范国际关系的重要准则。70年代以来，中国与广大发展中国家一道，积极倡导和推动建立公正合理的国际政治新秩序。进入新时代，中国提出共同、综合、合作、可持续的新安全观，推动建设相互尊重、公平正义、合作共赢的新型国际关系，共建人类命运共同体，推进共商、共建、共享的全球治理体系。这些理念代表着时代和人类社会发展的正确方向，是建立持久和平、普遍安全、共同繁荣、开放包容、清洁美丽的世界的“中国方案”。

中国坚持通过对话谈判处理同邻国领土和海洋权益争端，为维护周边和平与稳定而努力。本着互谅互让、公平合理的原则，中国已同12个陆地邻国解决了历史遗留的边界问题，与印度签署了解决边界问题的政治指导原则。在处理岛礁领土主权和海洋权益争端问题上，中国以建设性姿态提出“搁置争议、共同开发”的主张，尽最大努力维护南海、东海及周边和平稳定。在处理南海问题上，中国一直根据公认的国际法和现代海洋法，同有关国家通过谈判解决有关争议。2002年11月，中国与东盟各国签署了《南海各方行为宣言》，强调通过友好协商和谈判，以和平方式解决有关南海争议。2014年中国提出处理南海问题的“双轨思路”，即有关具体争议由直接当事国在尊重历史事实和国际法基础上，通过谈判协商和平解决，南海和平稳定由中国和东盟国家共同加以维护。2013年以来，中国与东盟国家积极推动“南海行为准则”磋商，2018年8月已形成单一磋商文本草案。在中国及东盟国家共同努力下，南海问题已重新回归谈判磋商解决轨道，中国与各声索方积极开展或探索海上合作。

中国积极参与解决地区热点问题，已经成为斡旋热点问题的伙伴。从20世纪90年代参与柬埔寨和平进程开始，中国参与解决国际热点问题的热情不断上升，力度逐渐加大。进入新世纪以来，中国先后任命了朝鲜特使、中东特使、苏丹达尔富尔问题特别代表等，参与有关热点问题的解决进程。自2002年朝核危机爆发以来，中国先后组织了中、美、朝三方会谈和中、美、朝、韩、俄、日六方会谈，积极推动美朝接触和南北关系缓和，缓解了朝鲜半岛剑拔弩张的局面，并推动朝核谈判取得了阶段性成果。中东问题是战后持续困扰国际安全的热点。中国除长期坚持斡旋巴以和谈外，建设性参与伊朗核问题、叙利亚问题的磋商，为伊朗核协议的达成、防止叙利亚局势升级作出了自己的贡献。中国支持阿富汗早日实现和平、安全、稳定与发展：继2017年12月首次主办中国—阿富汗—巴基斯坦三方外长对话后，2018年5月，中方在北京分别主办了中阿巴三方副外长级战略对话、中阿巴副外长级反恐安全磋商和“上海合作组织—阿富汗联络组”副外长级会议，上述系列活动在促进阿富汗问题政治解决、加强区域合作和推进反恐工作等方面取得积极成果。

除了参加政治外交斡旋外，中国积极参加热点或战乱国家的维和与重建工作。中国支持和参与东帝汶、阿富汗、伊拉克等地区的战后重建。中国向阿富汗政府提供无偿援助，为阿援建了帕尔旺水利工程、喀布尔共和国医院等项目，培训了大量各类专业技术人员。在达尔富尔问题上，中国除推动政治解决进程外，还积极帮助当地的经济社会发展，以从根本上解决当地的发展问题。

中国是联合国维和行动的中坚力量。从1990年首次派出军事观察员至今，中国累计向联合国30多项维和行动派出各类人员约

3.7万人次，是派出维和人员最多的联合国安理会常任理事国。目前，有近3000名中国维和人员在联合国7个任务区执行维和任务。2017年9月22日，中国组建的包括10类专业力量28支分队、8000人规模的维和待命部队在联合国完成注册。中国是联合国维和行动第二大出资国，2016年度共缴纳了联合国维和摊款8.44亿美元，占摊款总额的10.2%。此外，中国还与联合国建立了总额10亿美元的中国—联合国和平与发展基金，为非盟提供1亿美元的无偿军事援助，以支持非洲常备军和危机应对快速反应部队建设。自2008年以来，中国海军持续在亚丁湾、索马里海域执行护航，先后保障6000多艘船舶的安全，其中包括非中国籍船舶。迄今为止，中国已向亚、非、拉地区40余国提供人道主义扫雷援助。

中国积极塑造和引领国际军控进程。从拥有核武器的第一天起，中国就郑重声明，在任何时候和任何情况下都不首先使用核武器，无条件不对无核武器国家和无核武器地区使用和威胁使用核武器；从未在国外部署核武器；从未参加任何形式的核军备竞赛；始终将核力量维持在国家安全需要的最低水平。中国已签署和批准了所有开放签署的无核武器区条约议定书，并一直恪守自身义务。在其他主要大国核政策不断摇摆和倒退的情况下，中国始终如一的核政策对维持国际核战略态势稳定起到了中流砥柱的作用。中国积极维护网络和外空的和平利用，防止相关领域的军事化。2017年3月，中国发布《网络空间国际合作战略》，倡导在和平、主权、共治、普惠原则下，推进网络空间国际合作。自2008年中俄向裁军谈判大会共同提交“防止在外空放置武器、对外空物体使用或威胁使用武力条约”草案以来，中俄一直推动裁军谈判大会成员就草案内容进行深入讨论，并于2014年向裁军谈判大会提交了更新版草案。2017年，中国向联合国大会第一委员会提交“防止外层空间军备竞赛的进一步切实措施”决议草案，推动联合国授权成立“防止外空军备竞赛”政府专家组；该决议草案获得国际社会广泛支持，联大表决通过了这一决议。

中国是国际反恐事业的重要参与者和贡献者。中国坚决打击一切形式的恐怖主义，致力于加强同国际社会的反恐合作。中国坚持联合国在反恐国际合作中的中心地位和主导作用，主张各国相互尊重、平等合作，反对“双重标准”，推动落实联合国《全球反恐战略》及安理会反恐决议，建立以合作共赢为核心的国际反恐体系。中国积极参与联合国、全球反恐论坛等多边机制的国际反恐合作，充实和强化上海合作组织框架下的地区反恐合作，加强与东南亚国家的执法安全合作，在推动打击恐怖融资和网络恐怖主义等方面作出重大贡献。

# 第五章
# 高度重视可持续发展

可持续发展是人类社会在面对环境污染、气候变化、
资源枯竭和社会贫困及分化等共同发展挑战的过程中，
在反思传统经济和社会发展模式的进程中，
提出的全新发展理念。
以1972年罗马俱乐部《增长的极限》作为开端，
1992年《里约环境与发展宣言》和《21世纪议程》作为标志，
可持续发展从理念走向行动。
中国政府在与国际社会对话与合作的进程中，
依据中国的特殊国情和挑战，
积极探索、持续追求中国的可持续发展道路。
以1994年在全世界率先公布《中国21世纪议程》为起点，
中国一直努力追求实现既具国际共性，
也体现中国特色的创新、协调、绿色、开放、
共享的可持续发展之路。

# 第一节
# 科学发展：实现协调、高质量增长

01

经过40年的改革开放，中国的产业结构比例更趋合理，产业结构升级转型加速，第三产业增长动力更加多元化，经济运行质量和效益明显提升。当前，中国再次面临调结构，转方式，实现创新推动，实现高质量、可持续发展的关键历史时期。

## 一、经济结构调整的艰难摸索

新中国成立后的30年中，优先支持重工业发展的政策使得中国初步建立起了比较完整的工业体系，但同时也造成了农、轻、重之间比例严重失调的局面。到改革开放前夕，中国经济生活中的产品全面短缺，国民经济各部门比例严重失调，产业结构失衡问题相当严重。1979年开始，在“调整、改革、整顿、提高”八字方针的指导下，中国进行了为期三年的国民经济调整，政策内容主要是大力发展农业和轻工业，进一步合理调整产业结构，并指出产业结构的调整必须以消费需求结构及变化为导向。经过10多年的发展，中国的农业、轻工业有了较快的增长，轻重工业比例失调问题得到了较好解决，基础产业对经济增长的制约有所缓解，但经济结构问题仍没有得到根本解决。

进入20世纪90年代，市场机制正在逐步建立。面对经济体制转型、经济增长方式转变的巨大挑战，为了改变中国产业结构落后的状况，实现产业升级和资源的最优配置，中央提出了在实现经济增长方式由粗放型向集约型转变过程中，走跨越式产业结构升级道路的战略思路。《“八五”计划纲要》提出，20世纪90年代国民经济和社会发展的主要任务，是要按照国民经济逐步现代化的要求和居民消费结构的变化，积极调整产业结构，重点加强农业、基础工业和基础设施，促进产业结构合理化并逐步走向现代化。90年代经济结构调整取得了显著成效，产业比例关系进一步趋于协调；结构升级取得一定进展，技术相对密集产业的比重有所上升；基础设施、通信设施和交通运输状况也得到了明显改善，基础产业“瓶颈”制约有了很大缓解。

进入21世纪，中国进入了工业化、城市化加速发展的时期。这一时期，消费结构升级和城市化建设对工业，尤其是重化工业产品的需求明显增长，而这些资本密集型产业的发展又推动着投资需求扩张。在此轮高速增长中，低技术含量、高能耗、高污染的重化工业粗放增长的特点尤为突出，技术和知识密集的高附加值产业比重偏低，地区产业结构的趋同化、过度竞争等问题影响着中国产业结构的进一步优化升级。2005年，国家确定产业结构调整的目标是推进产业结构优化升级，促进三产健康协调发展，逐步形成以农业为基础、高新技术产业为先导、基础产业和制造业为支撑、服务业全面发展的产业格局，坚持节约发展、清洁发展、安全发展和可持续发展。

## 二、金融危机凸显改革的紧迫性

经过改革开放30年的摸索，中国调结构、转方式、推动可持续发展的路径日渐清晰。但是，经济发展的惯性使中国仍未走出高投入、大规模、简单化的产品生产的发展模式，经济发展过于依赖廉价资源和劳动力的投入，创新贡献不足的问题日益严峻，经济发展动力不可持续，不仅造成资源环境问题恶化，劳动者报酬增长不足，而且使中国在国际分工中处于不平等、不合理的地位。

金融危机凸显了中国“两头在外”经济模式的不可持续性。有经济学家在英国《金融时报》撰稿“把2008年作为中国发展模式破产的标志性年份”。“‘两头在外’的经济模式，发挥了中国自然资源、劳动力资源丰富的比较优势，高效利用了全球市场，较快实现了经济增长，解决了国内就业问题。但是，金融危机暴露了该模式在发展过程中积累的结构性矛盾，包括内需和外需增长不平衡、投资与消费关系不协调、低附加值产业比重过大、自主创新能力不强、科技进步和创新对经济增长贡献率偏低。这些结构性矛盾必须通过新一轮调整和转型实现。过去30年间，这种模式为中国经济的迅速增长提供了主要动力，而未来，中国将迎来通往新发展模式的艰难转型期。”2012年中共十八大报告明确了未来创新驱动发展战略，并将经济结构调整作为转变经济发展方式的主攻方向。

### 三、经济新常态下，以创新实现高质量发展

在金融危机冲击的复杂影响和经济结构调整阵痛之下，中国经济增速出现了结构性放缓趋势。2014年，习近平总书记对经济发展形势做出了“新常态”的判断，指出“新常态”没有改变中国经济发展总体向好的基本面，改变的是经济发展的方式和结构。新常态将给中国带来新的发展机遇，推动中国经济向形态更高级、分工更复杂、结构更合理的阶段演化。新常态既是中国经济转变发展方式、优化和提升经济结构、进入更高级形态的必经之路，又是我们所面临的一个新的巨大挑战。

新常态是当前中国经济发展的一个新阶段，它有四个基本特点：经济增速由以前的高速向中高速转变；经济发展方式从规模、数量扩张型向效率、质量提高型转变；经济结构调整从调整产能增量向既调整产能存量又优化产能增量转变；经济发展动力

从资源、劳动力等要素投入向创新驱动转变。这些变化意味着，中国经济将整体迈入一个以提升质量为中心的时期。因此，必须把转方式、调结构放到更加重要的位置，把经济发展的基点放到主要依靠自主创新上来，依靠创新来引领，依靠知识和技术来提升。中共十九大报告进一步明确了创新在引领经济社会发展中的重要地位，标志着创新驱动作为一项基本国策，在新时代中国发展的行程上，将发挥越来越显著的战略支撑作用。

中国创新驱动的高质量发展与国际社会追求可持续发展的目标一致，是国际社会共同推动可持续发展的重要组成部分。2009年9月，美国政府发布了《美国创新战略——推动可持续增长和高质量就业》的经济发展战略，该战略建立在《2009年美国复兴与再投资法》的基础上，旨在充分利用美国人民的创造性和私营部门的活力，确保美国在将来的全球化竞争中拥有更加坚实而广泛的内在创造力，通过创新推动经济的可持续增长以及高质量的就业。欧盟的“聪慧增长战略”是指加强作为欧盟未来增长动力的知识和创新，促进整个欧盟的创新和知识转移，充分利用信息和通信技术所创造出的新产品和新服务，实现经济增长。日本政府的“新增长战略”同样是科技导向性国家战略，计划将科技、就业和劳动力素质的发展作为支撑经济增长的平台。

## 第二节 绿色发展：保护环境，建设美好中国

02

可持续发展的思想可以追溯到中国的古代文明，“天人合一”的哲理和“人地共生”的长期社会实践使得人与自然的关系保持着高度的和谐统一。然而到了现代，同世界其他国家一样，中国在可持续发展道路上也走过一段“弯路”。经过粗放式发展的环境之殇，中国开始探索绿色发展之路，生态文明建设已经成为中国可持续发展的重心之一，环保事业被提到了前所未有的高度，应对气候变化上升到国家战略层面。绿色发展是人类社会继农业文明、工业文明之后的又一次重大进步，它将全方位地改变建立在化石能源基础上的现代工业文明，转向生态文明。

### 一、粗放式发展的环境之殇

刚刚成立的新中国积贫积弱，面临严峻的经济形势，迅速恢复国民经济成为头等大事。但是，漠视自然规律和经济规律的经

济发展付出了沉重的代价，尤其是“大跃进”运动，对自然资源和环境造成了严重破坏。此后的“文化大革命”，人口与资源和环境的矛盾更是日益突出。“左”的思潮宣扬社会主义具有无可比拟的“优越性”，“社会主义没有污染”。1972年，中国派代表团参加联合国人类环境会议，目的却是去“斗争”，揭露发达国家企图阻止落后国家获得发展的“阴谋”。虽然参加联合国人类环境会议是中国的一次环境启蒙，人们开始意识到国内环境问题的严重性和紧迫性，但它未改变中国粗放式的发展逻辑，中国未能避免传统大国“先污染，后治理”的发展方式。

粗放式经济发展，过分注重规模扩张和增长速度，忽视经济增长的社会效益和生态环境效应，付出了惨重的环境代价，严重威胁到中国可持续发展。城镇化和工业建设严重吞噬土地资源，人均耕地面积大幅下降——目前，中国人均耕地面积不及世界人均耕地面积的1/3。伐木毁林，不仅损害森林资源，也加剧了土地沙漠化程度。粗放式经营方式的高能耗使得中国面临的生态环境污染日益严重，其中尤以水污染和空气污染最为突出——中国每创造百万美元GDP的能源耗费是美国的2.5倍，欧盟的5倍，日本的9倍；生态环境污染日趋严重，能源生产、转换和消费形成的污染物致使生态环境不堪重负。掠夺式开发、严重的环境污染等因素也使得中国生物多样性呈骤减趋势。中国的环境问题和资源、能源可持续性问题的严峻程度已威胁代际公平。如果中国不能转变发展方式，有效推进绿色发展，那么自然资源难以支撑，生态环境难以承载，最终可持续发展难以实现。

## 二、坎坷的环保探索之路

世界上的大国特别是类似于中国这样的发展中大国，大都走了一条先污染后治理再到边污染边治理最后到清洁生产、循环经济的路子。在这条发展道路上，有的国家因没有及时转向，在先污染后治理的阶段便已陷入恶性循环而沉沦；有的国家则成功地转向“边污染边治理”发展道路，并获得了新生，最终走向清洁生产和循环经济。中国的发展历程，经过坎坷的环保探索之路，正处在由先污染后治理到边污染边治理的转型时期。

经过联合国人类环境会议启蒙，1973年中国第一次召开环境保护会议。会议对中国的环境污染有了初步认识，通过了中国环境保护方针，提出“保护环境，造福人民”，并对中国环保工作的十个方面提出要求。全国环境保护会议之后，中国迅即成立了国务院环境保护领导小组，督促各地成立相应的环保机构，对环境污染状况进行调查评价，开展以消烟除尘为中心的环境治理。

从改革开放初始到可持续发展国家战略地位的确立，中国经历了污染蔓延和环境保护制度完善并行的过程。一方面，粗放式发展进程加速，环境污染不断蔓延；另一方面，中国环保工作的建章立制工作取得重要进展，不仅确立了环境保护的基本国策地位，制定了环境保护的政策制度体系，还通过强化环境管理政策，建设环境保护法律法规和标准体系，缓解环境污染。1992年，在联合国里约热内卢环境与发展大会后，中共中央、国务院颁布了《中国环境与发展十大对策》，首次提出实施可持续发展战略。

1992年邓小平南方谈话后，中国掀起了新一轮的大规模经济建设，各地上项目、铺摊子热情急剧高涨，加之20世纪80年代全国乡镇企业的无序发展，致使中国环境污染到了一个无以复加的地步。许多江河湖泊污水横流，蓝藻大暴发，甚至舟楫难行，沿江沿湖居民饮水发生困难；许多城市雾霾蔽日，空气混浊，城市居民呼吸道疾病急剧上升。在这种情况下，国家环保部门通过制定区域和流域污染防治规划，实施重点污染物总量控制，拉开了大规模污染治理的序幕。

### 三、生态文明建设理念的提出和发展

2002年11月，中共十六大提出要全面建设小康社会，将环境问题作为经济可持续发展的重点考虑因素，强调走中国特色社会主义建设道路不能忽视生态建设和环境保护；强调经济增长方式转变的重要性，提出要坚持节约资源和保护环境的基本国策，加快建设资源节约型、环境友好型社会。中共十七大进一步提出“建设生态文明”的战略目标，在强调保护环境的同时，突出了

循环经济、降低能耗和增加可再生能源的发展模式调整，标志生态文明建设走上环境保护和应对气候变化双管齐下之路。

随着生态文明目标的确立，中国污染防治和节能减排工作走向更加制度化的方向。政府在加强治理的同时，利用市场机制，促进环保产业发展。各地严格执行环境影响评价和“三同时”制度，积极开展环保专项行动，严厉查处环境违法行为，环境污染防治力度逐步加大，环境保护工作取得了积极进展。各级财政加大了对环境污染防治和生态环境保护的投入。国家还通过各种优惠政策吸引社会资金乃至外资投向环保事业和环保产业，带动了全社会环保投入的较快增长。国家加大了环境保护基础设施的建设投资，有力地拉动了环境保护相关产业的市场需求，环境保护产业总体规模迅速扩大。

气候变化领域，中国在内外压力下，完成了从体系构建到高度重视的发展阶段，把积极应对气候变化作为关系经济社会发展全局的重大议题，纳入经济社会发展中长期规划。2007年，中国正式发布首个国家应对气候变化方案，正式成立国家应对气候变化及节能减排工作领导小组，在构建国内应对气候变化政策的同时，也试图从国际上寻求更多技术合作与资金支持。随着国内经济转型压力的上升，中国气候变化政策的重点向国内转变。2011年第十二个五年规划中确立了此后五年绿色、低碳发展的政策导向，明确了应对气候变化的目标任务，提出到2015年单位国内生产总值二氧化碳排放比2010年下降17%的目标。

## 四、生态文明建设理念的深化与绿色发展观的成型

2013年严重的雾霾天气和环境问题将中国的气候政策彻底激活，经济增速不再是唯一重要的目标，应对气候变化、关注环境问题成为国家发展的内在驱动力。如果说此前中国对全球环境和气候治理总体上是防御型的，重心在争取经济发展空间，中共十八大以后生态文明建设则已上升到战略新高度。习近平总书记强调，气候问题不仅是经济问题、科学问题，同时也是政治问题、安全问题和伦理问题，良好生态环境是“最公平的公共产品和最普惠的民生福祉”。

中共十八大报告把生态文明建设放在突出地位，并将其纳入中国特色社会主义事业“五位一体”总体布局，对生态文明建设的具体政策和制度进行了阐述，并把绿色发展作为推进生态文明建设的主要实践方式。中共十八届五中全会把绿色发展作为面向“十三五”的重要理念，“绿水青山就是金山银山”“山水林田湖是一个生命共同体”“生态兴则文明兴、生态衰则文明衰”等绿色发展观，已经成为我国生态文明建设的新发展理念，在推进生态文明建设、指导产业绿色转型等方面发挥着至关重要的作用

“两山论”思想振聋发聩，蓝天保卫战全面打响，生态文明建设力度空前，发展取向从追求“数量”变成注重“质量”，

政绩考核去除“GDP紧箍咒”，生态文明建设取得了显著成效。循环经济发展成效显著，资源利用效率明显提高；环境污染治理全力推进，主要污染物总量减排目标全部完成；大气污染防治不断强化，环境空气质量总体向好。2016年，联合国环境规划署专门发布《绿水青山就是金山银山：中国生态文明战略与行动》报告，表明中国的生态文明建设理念和经验正在为全世界可持续发展提供重要借鉴。2017年，中国单位GDP二氧化碳排放比2005年下降了46%，已经超过到2020年碳强度下降40%—45%的上限目标。中国非化石能源占一次能源比重已达13.8%。

# 第三节
# 包容发展：实现公平社会

03

中国正在寻求社会和经济的协调、稳定和可持续发展。在经济效率与社会公平之间取得合理的平衡，实现包容性发展，是可持续发展的重要判据和基本诉求。与单纯追求经济增长不同，包容性发展的基本要义在于：通过一种规范稳定的制度安排，让每一个人都有自由发展的平等机会，确保机遇平等的社会包容性，减少风险，给最弱势群体带来缓冲的社会安全网，让更多的人享受改革和发展的成果。

全球化背景下，社会发展失衡已是全球性挑战。长期经济优先的增长政策下，中国社会均衡发展面临多重挑战，贫富差距、城乡二元结构、地区间发展失衡已严重制约中国的可持续发展进程。中共十八届五中全会将包容发展纳入新发展理念，强调“共享发展，必须坚持发展为了人民、发展依靠人民、发展成果由人民共享，作出更有效的制度安排”，致力于实现公平、正义的包容性社会。

### 一、经济快速发展与贫富分化的加剧

1981—2008年，全球化推动世界经济迅猛发展、国民收入水平绝对增加，绝对贫困人口由此减少了6.5亿，贫困人口比例由52.2%下降到22.4%。但同时，贫富差距却在扩大，20世纪六七十年代，基尼系数曾出现长期下降趋势，但从80年代开始，基尼系数下降趋势停滞并进入持续上升阶段，一度达到前所未及的0.7。从国家来看，无论是发达国家还是发展中国家，国内社会阶层分化与社会失衡加剧均已成普遍现象。

中国经过从20世纪80年代开始的持续高速经济增长，已成为世界第二大经济体，人均可支配收入增长8倍，民众生活水平大幅提高，绝对贫困人口显著减少——按照人均每天生活费1.25美元的国际标准，1981—2008年间，中国的贫困人口从8.35亿减少到1.73亿。但是在经济高速增长带来绝对贫困状况改善的同时，中国相对贫富差距却在扩大。基尼系数是国际上用来综合考察居民内部收入分配差异的重要指标，通常把0.4作为贫富差距的警戒线。根据国家统计局的数据，2015年中国的基尼系数为0.462，超过国际警戒线，反映出中国存在较为严重的贫富差距问题。

中国贫富差距表现为三种形态。首先，二元经济结构下的城乡差距。亨廷顿在《变化社会中的政治秩序》中曾指出："现代

化带来的一个至关重要的政治后果便是城乡差距。”这一差距，确实是正经历着迅速的社会和经济变革的国家所具有的一个极为突出的政治特点。尽管城乡差距是现代化进程中的伴随结果，但中国的问题尤其突出。中国长期存在城乡二元结构以及工农业产品剪刀差，使得城乡差距问题更为显著，也更难调整。国家统计局数据显示，2017年，城镇居民人均可支配收入与农村居民之间的比例为2.7：1，如果将城乡社会保障因素考虑进去，农民人均收入不足城市市民收入的六分之一。其次，地域差距，尤其是东部沿海地区与中西部地区的发展差距。东部沿海地区因为其良好的地理优势、便利的交通运输以及政策和市场的原因，普遍率先发展起来，发展水平和收入与中西部相比明显高出很多。最后，改革开放以来，行业垄断，市场改革不充分，没有建立起公平的市场秩序，也造成行业间收入差距变大。

## 二、实现共同富裕的不断探索

社会主义不是少数人富起来、大多数人穷，不是那个样子。社会主义最大的优越性就是共同富裕，这是体现社会主义本质的一个东西。解决贫富差距扩大的问题，防止两极分化，走向共同富裕，维护社会公平，这是人民的期盼，是中国特色社会主义的必然要求。对此，邓小平早在1993年就告诫我们：“富裕起来以后财富怎样分配，这都是大问题。……解决这个问题比解决发展起来的问题还困难。分配的问题大得很。我们讲要防止两极分化，实际上两极分化自然出现。要利用各种手段、各种方法、各种方案来解决这些问题。”中国在发展的进程中，不断探索实现共同富裕的有效路径。

针对城乡差别，实行乡村振兴战略，解决城乡不平衡发展问题。中国不断深化农村土地制度改革，加快推进农地三权分置改革，在土地制度改革的过程中，充分保障农民的经济利益不受损害；规划好城乡统筹发展问题，坚持城乡融合发展，进一步推进新型城镇化建设，通过城市的进一步发展为农村剩余劳动力的转移提供有效的就业岗位；实行工业对农业的“反哺”，通过财政转移支付，坚持农业农村优先发展，资源优先向农村安排；围绕促进产业兴旺推进农业供给侧结构性改革；创新发展，为农业现代化提供新的发展空间；发展壮大农村集体经济，使农民在集体经济不断发展中获得更多的发展成果。

探索中国特色的减贫和扶贫工作。从20世纪80年代起，中国不间断地开展扶贫工作，将减贫列入国家发展规划，有计划、有组织地进行大规模扶贫开发，从一般扶贫，到扶贫攻坚，再到精准扶贫，走出了中国特色的减贫和扶贫道路。坚持用发展带动减贫；坚持农业优先发展；改善贫困地区的路、水、电、气、房等基础设施；坚持动员社会参与，构建政府、社会、市场协同推进的大扶贫格局；坚持普惠政策和特惠政策相结合，开发式扶贫制度和社会保障制度相衔接。坚持政府主导，把扶贫开发纳入国家总体发展战略，开展大规模专项扶贫行动，针对特定人群组织实施妇女儿童、残疾人、少数民族发展规划。中国在改革开放40年的时间里，使7亿多人口摆脱贫困，占全球减贫人口的70%以上。

实施西部大开发战略，应对地区发展不平衡。自2000年第十个五年计划将西部大开发、促进地区协调发展作为一项战略任务以来，中国采取一系列政策举措，包括加大建设资金投入、优先安排项目、加大财政转移力度、加大金融信贷支持、改善投资软环境和税收优惠政策、加大教育投入和人才对口支持等，支持西部发展。2003年以后，均衡性地区发展战略实施效果显现，地区经济发展差距逐步缩小。当前，在“一带一路”倡议的带动下，西部地区产业体系和市场体系建设取得明显成效，基础设施保障能力全面增强，开放型经济水平不断提高，东西部差距显著减小。

社会保障体系日益完善。中国社会保障占GDP和政府财政投入的份额呈稳步上升趋势，1978—2009年，占GDP的比重从3.55%上升到9.56%，占财政投入的比重从11.53%上升到37.51%。覆盖面也从原来只专注于城镇职工扩展到包括城乡居民等全体公民。以养老、医疗、失业、工伤和生育5大社会保险分支为核心，包括最低生活保障制度为重点的社会救济，以及社会福利和优抚安置制度在内的全面的社保体系也正在系统完善中。目前，中国医疗保险和养老保险覆盖率分别超过了96%和80%，2014年参加基本养老和基本医保的人数为8.4亿和13.3亿。

### 三、共享发展：实现包容性社会的路径

实现社会的公平正义是人类最崇高的价值理想，也是中国在经济转型升级、全面深化改革中所面临的重大课题。共享发展注重解决社会公平正义问题，是实现包容社会的唯一路径。中共十八届五中全会提出了创新、协调、绿色、开放、共享五大发展理念，成为引领中国经济社会发展的核心理念。其中的共享发展，注重的就是解决社会公平正义问题。社会公平正义是共享发展的内在价值依据和价值目标，而共享发展则是维护和实现社会公平正义的途径和手段。

中国社会的基本矛盾已发生改变，时代的任务转向实现更加均衡和更加充分的发展性需要。当前，各种影响发展的不稳定、不确定因素不断涌现，社会公平正义的问题凸显出来，一个重要的原因是社会发展明显滞后于经济发展。社会公正问题已经成为影响中国社会经济发展全局，影响中国社会各阶层的大问题，推动包容发展是破解中国现实发展困境问题的抉择。

中共十八大以来，随着共享发展理念的确立，我国共享发展的路径已基本明晰。第一，继续推动经济发展，夯实维护和保证社会公平正义的物质基础。第二，创新制度安排，努力克服人

为因素造成的有违公平正义的现象，保证人民平等参与、平等发展权利。第三，全面深化改革，着眼创造更加公平正义的社会环境，不断克服各种有违公平正义的现象，使改革发展成果更多更公平地惠及全体人民。第四，围绕民生建设，改革收入分配制度，促进共同富裕，推进社会领域制度创新，推进基本公共服务均等化。共享发展最终是要让人民群众真正分享国家经济发展的成果，分享发展红利，形成最大公约数，实现共同富裕，建成不分地域、不分群体、不分层级、不分民族的全面小康的包容性社会。

# 第四节 合作发展：全球可持续发展的中国贡献

04

中国是全球可持续发展理念与行动的坚定支持者和积极实践者，为全球可持续发展作出了重要贡献。中国作为世界上最大的发展中国家，其自身对创新发展、绿色发展和共享发展的探索和成就，对世界可持续发展进程至关重要，一定程度上决定了世界可持续发展的方向。此外，中国一直积极致力于国际合作，承担国际责任，为全球可持续发展贡献中国力量。在不断扩大的南南合作中，中国已经为支持全球减贫、应对气候变化、改善教育和健康作出很大贡献。通过“一带一路”倡议等举措，中国不仅可以与其他国家实现合作与经验共享，特别是在减贫、包容性增长与绿色增长等领域，还可以为全球可持续发展提供新动力。

## 一、全球绿色发展的中国贡献

中国一直致力于推进全球和区域环境治理，增进本国和他国以及全球的可持续发展能力。中国积极履行环境国际公约，致力于积极推动双边和多边环境合作。在过去25年，中国政府实施了双边和多边项目200余个，合作领域涉及环境联合监测预警、环保规划标准、环境政策法规、环境技术装备等领域，促进了区域双边和多边环境治理水平。

中国积极参与国际对话，为推动全球气候谈判、促进新气候协议的达成作出积极贡献。中国还先后与美国、印度、巴西、欧盟、法国等国家和区域组织就气候变化发表联合声明，通过一系列郑重承诺，为全球应对气候变化行动增添新动力。中国作为最大的发展中国家，在全球减排工作中发挥了表率作用。中国早在巴黎气候变化大会前就发布了有力度、有雄心的减排目标：中国二氧化碳排放将于2030年左右达到峰值并争取尽早达峰，到2030年单位GDP二氧化碳排放量比2005年下降60%到65%，非化石能源占一次能源消费比重达到20%左右。世界银行副行长劳拉·塔克认为，中国在推动《巴黎协定》正式生效的过程中展现出引领作用，中国国家自主贡献文件中所设定的目标“令人钦佩”。

作为实施《巴黎协定》的重要领导者之一，中国积极开展遏制全球气候变暖的行动，减少环境污染，在降低能耗和推进可再生能源的发展上取得重要成就。2018年5月，国际能源署和世界银行等国际机构联合发布《追踪可持续发展目标七：能源进展情况报告》，从电力普及、清洁烹饪、能源效率和可再生能源四个方面对全球能源消耗状况进行了总结。报告认为，中国对全球能耗降低作出了最大贡献，贡献率超过35%，高于美国的13%和印度的8%。报告还肯定了中国在清洁能源、电力普及以及改善人民生活上取得的巨大成就，这对于处于工业化进程中的全球第一发展中大国而言殊为不易。中国的生态文明主张在本质上同联合国可持续发展目标是一致的，是中国本土化的可持续发展话语体系。

中国还积极支持发展中国家应对气候变化，为小岛屿国家、最不发达国家、非洲国家及其他发展中国家提供实物及设备援助。2011—2014年，中国政府累计安排2.7亿元人民币用于帮助发展中国家提高应对气候变化能力。2015年，中国宣布设立200亿元人民币的中国气候变化南南合作基金，并提供600万美元支持联合国秘书长推动应对气候变化的南南合作。2016年，中国启动了在发展中国家设立10个低碳示范区、开展100个减缓和适应气候变化项目及提供1000个应对气候变化培训名额的合作项目，继续推进清洁能源、防灾减灾、生态保护、气候适应型农业、低碳智慧型城市建设等领域的国际合作，并帮助这些国家提高绿色融资能力。

## 二、中国对全球包容性发展的推动

中国对全球包容性发展的贡献不仅表现在自身发展成就的

贡献，更重要的是展现了作为最大发展中国家在推动全球发展议程和全球发展合作中的大国责任。在平等、包容、开放和共赢的合作理念下，中国在一系列双边和多边平台推动全球包容性发展合作。

分享中国经验，推动全球包容发展。作为全球最早实现千年发展目标中减贫目标的发展中国家，中国自身的成就是全球包容性发展的重要组成部分。中国还通过多边、双边等渠道，在技术合作、知识合作等方面推动南南合作的发展：例如，通过中非减贫与发展基金、中国—东盟社会发展与减贫论坛等对话机制，与亚非拉发展中国家分享减贫经验。

中国政府通过双边和多边发展合作，帮助发展中国家发展经济、改善民生。60多年来，中国共向166个国家和国际组织提供了近4000亿元人民币的援助，为发展中国家培训各类人员1200多万人次，派遣60多万援助人员，在基础设施、贸易、投资、能源、教育、卫生等领域不断加大与广大亚非拉发展中国家的密切合作，对发展中国家的经济社会发展起到了重要的推动作用。2007年，中国在世界银行国际发展协会的会议上宣布将向世界最贫穷国家提供援助和贷款；此后，中国不断通过联合国、世界银行、亚洲开发银行等多边机制向其他发展中国家提供资金援助。中国已经成为国际发展机构的重要合作伙伴，通过发展议程的讨论和协商，以及在发展机构中的股东国地位、援助国地位，发挥着越来越大的影响，成为连接南北合作的中坚力量。近年来，随着综合国力的上升，中国采取一系列新举措加强与国际社会的包容性发展合作，如设立“南南合作援助基金”、倡议推动金砖国家新开发银行以及亚洲基础设施投资银行等。

在全球层面积极推动发展议程，并率先实施。在中国的积极推动下，G20杭州峰会首次将发展问题置于核心议题之一，并在峰会上推动制定了《落实2030年可持续发展议程行动计划》。2016年9月，李克强总理在纽约联合国总部宣布《中国落实2030年可持续发展议程国别方案》。该方案总结了中国已取得的发展成就和经验，客观评估中国当前所处阶段和实现可持续发展目标面临的挑战，提出指导思想、总体原则、应对策略、实现路径和具体的落实方案，成为进一步指导中国落实相关工作的行动指南，并为其他国家尤其是发展中国家推进落实可持续发展计划提供了借鉴和参考。

## 三、一带一路：推动全球可持续发展的新动力

“一带一路”倡议希望通过与沿线国家构建利益共同体与命运共同体，通过实现政策沟通、民心相通、设施联通、贸易畅通、资金融通，加强不同文明交流互鉴，使亚欧非各国联系更加紧密，这必将为世界可持续发展提供新的动力。

政策沟通旨在实现伙伴国发展战略与“一带一路”项目的战

略对接，以促进本国发展战略的长期有效实施和可持续发展目标的实现。“一带一路”参与国可以根据其发展需求进行对接，同时在整个过程中阐明其自主权，确保伙伴国政府在促进可持续发展方面扮演积极角色。

设施联通旨在满足不同国家对可持续发展的基本需求。“一带一路”的项目列表包括硬件基础设施，如城市交通系统、住房、道路、能源、水和废物管理，以及社会基础设施，如医院、学校和促进农村和城市均衡发展的项目，同时也包括灾害风险管理和数字化基础设施。以互联互通为主题，“一带一路”倡议不仅在空间上整合地区资源，更在经济、社会和数字等方面进行地区一体化，为参与国打造一个国际合作和共同发展的新平台，寻求优势互补，就共同利益建立对话机制，共同推动全球可持续发展。

“一带一路”是绿色的贸易、金融和投资平台。加强生态环保合作，保障“一带一路”绿色化是倡议实施的核心内容。建设绿色“一带一路”顺应了全球可持续发展的需求，是沿线国家产业结构调整的机遇，更适应了民众的环保和绿色消费意识。“一带一路”已将协调和承诺纳入绿色贸易、金融和投资政策，通过与参与国合作，制定增加绿色融资的方法，通过市场化、风险管理和数字化，推动支持可持续发展的贸易、金融和投资架构。

# 下篇

# 中国未来向何处去？

# 第六章
# 中国梦与中国的未来发展

中国梦的基本内涵就是要实现国家富强、民族振兴、人民幸福，归根结底是为了实现人民对美好生活的期盼。
它唤醒的是对未来的想象力，
展现了对美好世界的憧憬和追求。
实现中国梦是一代又一代中国人不断努力奋进的目标。
尽管中国在推进现代化过程中取得了巨大成绩，
但处理发展过程中出现的问题将是一个长期复杂的系统工程。
中国在许多方面都还呈现发展中国家的特征，
总体上仍是发展中国家。

## 第一节
## 中国未来发展的阶段性目标

01

在经历了改革开放40年后，中国社会现在正面临着深刻变化，未来中国将走向何方?如何在已有的政治建设和经济建设成果的基础上，为未来一段时期全面发展设计阶段性目标，为国家和民众找到未来努力的方向?中共十八大提出“两个一百年”中国梦的奋斗目标与总体任务，就是要回答这样的问题。这个总任务就是到2020年即在中国共产党成立一百年时，使国民生产总值（GDP）和城乡居民人均收入比2010年翻一番、全面建成小康社会，到21世纪中叶即在新中国成立一百年时，建成富强民主文明和谐美丽的社会主义现代化强国。有梦想才有追求，设计了阶段性目标，才不会迷失方向。

### 一、追求现代化强国梦是一个接力过程

在追求现代化强国梦的过程中，一代又一代的中国人都设

立了努力的目标。它既基于当时的现实，也源于对未来充满的理想，成为凝聚民意、振奋人心、激励奋斗的标杆。

新中国成立后，百废待兴，当时的中国领导人就在思索如何实现国家现代化。周恩来最早提出“四个现代化”的初步思想。1954年9月，他在第一届全国人民代表大会第一次会议上所作的政府工作报告中提出：“我国的经济原来是很落后的。如果我们不建设起强大的现代化的工业、现代化的农业、现代化的交通运输业和现代化的国防，我们就不能摆脱落后和贫困，我们的革命就不能达到目的。”经过20世纪50—60年代的酝酿，“四个现代化”的国家战略目标越来越清晰。1964年在第三届全国人民代表大会第一次会议上，政府工作报告首次提出，要在20世纪内，把中国建设成为一个具有现代农业、现代工业、现代国防和现代科学技术的社会主义强国。为了推进实现这个目标，从第三个五年计划开始，提出国民经济发展分“两步走”的想法：第一步，用十五年时间，建立一个独立的、比较完整的工业体系和国民经济体系，使中国工业大体接近世界先进水平；第二步，力争在20世纪末，使中国工业走在世界前列，全面实现农业、工业、国防和科学技术的现代化。

进入改革开放年代后，邓小平在经过大量实地调研的基础上，谨慎量化了“四个现代化”指标，使得中国推进现代化有了更为明确的目标。1979年10月，邓小平提出：“所谓政治，就是四个现代化。我们开了大口，20世纪末实现四个现代化。后来改了个口，叫中国式的现代化，就是把标准放低一点。特别是国民生产总值，按人口平均来说不会很高。”1979年12月，他在会见日本首相大平正芳时提出，到20世纪末争取GDP达到人均1000美元，这个目标称为“中国式的四个现代化”，即“小康之家”。

20世纪80年代，中国成功地开创了中国特色社会主义事业，进一步细化了推进现代化建设的具体步骤、阶段性目标。1987年8月，邓小平在会见意大利共产党领导人约蒂和赞盖里时谈到分“三步走”的发展战略，“20世纪走两步，达到温饱和小康，下个世纪用三十年到五十年时间再走一步，达到中等发达国家的水平。”这个发展战略应该讲是既充满了雄心壮志，又比较符合当时的实际情况。1987年10月，中共十三大正式提出分“三步走”的发展战略：第一步到20世纪80年代末，使GDP比1980年翻一番，解决人民的温饱问题；第二步是到20世纪末，使GDP再增加一倍，人民生活达到小康；第三步是在21世纪，用三十年到五十年再翻两番，人均GDP基本达到中等发达国家水平，人民生活比较富裕，基本实现现代化。这一“三步走”发展战略增强了国家政策的预见性、连续性和稳定性，加快了现代化进程，也为中国现代化发展明确了大致时间表，成为实现中国梦的基本路线图。

到20世纪90年代末，前两步目标提前实现，为向第三步目标迈进创造了条件。中共十五大将“三步走”发展战略进一步细化，将小康社会分为“总体小康”和“全面小康”两个步骤，提出“两个百年”的奋斗目标，并明确使用“实现中华民族伟大复兴”概念。中共十六大宣布，人民生活实现了总体上由温饱到小康的历史性跨越，要求在21世纪头二十年，全面建设惠及十几亿人口的更高水平的小康社会；并明确规划了如何从“总体小康”提升为“全面小康”的实现途径。中共十七大再次强调到21世纪中叶建国一百年时，人均GDP达到中等发达国家水平，使中国成为富强、民主、文明、和谐的社会主义现代化国家。

在中国经济社会持续、平稳、快速发展背景下，中共十八大明确由“全面建设小康社会”进至“全面建成小康社会”的新要求，进一步强化“两个一百年”的奋斗目标。鉴于实现第一个一百年奋斗目标到实现第二个一百年奋斗目标之间横跨近三十年时间，中共十九大进一步将其划分为“两个阶段”来安排：第一个阶段从2020年到2035年，在全面建成小康社会的基础上，再奋斗十五年，基本实现社会主义现代化；第二个阶段从2035年到21世纪中叶，在基本实现现代化的基础上，再奋斗十五年，建成富强民主文明和谐美丽的社会主义现代化强国。“两个阶段”的路径设计，为未来工作指示了更为明确的方向，使各项工作安排更具体，落实也更加高效。

## 二、全面建成小康是关键性的阶段目标

全面建成小康社会是“三步走”战略的中间环节，起着承前启后、继往开来的作用，是实现中国梦的关键阶段。这个“全面”是指覆盖的人群和涉及的领域，在惠及对象上充分体现覆盖人群的全面性要求，在建设内容上深刻体现经济建设、政治建设、文化建设、社会建设、生态文明建设“五位一体”的全面性要求，努力实现经济保持中高速增长，人民生活水平和质量普遍提高，国民素质和社会文明程度显著提高，生态环境质量总体改善，各方面制度更加成熟更加定型等。

具体来讲，在经济发展方面，到2020年第十三个五年规划完成之时，在提高发展平衡性、包容性、可持续性的基础上，GDP和城乡居民人均收入比2010年翻一番。加快经济持续健康发展，打破城乡二元体制，增加居民收入，尤其是贫困地区居民收入，改善他们的生活居住条件。推动工业化、信息化、城镇化及农业现代化迅速发展，转变经济发展方式，为全面建成小康社会提供强大的物质基础。

在政治进步方面，要使民主制度更加完善，民主形式更加丰富，法治政府基本建成。进一步扩大公民的政治参与，提高公民政治参与能力，使社会主义民主更加深入人心。加快建设社会主义法治国家，建立健全权力运行约束和监督体系，让权力在阳光下运行。全面从严治党，加强党风廉政建设。

在文化建设方面，重点建设核心价值体系，全面提高公民道德素质，丰富人民精神文化生活。大力发展文化产业和文化事业，建立健全公共文化服务体系，促进文化大发展大繁荣，增强文化整体实力和竞争力。

在社会建设方面，要以保障和改善民生为重点，加快健全基本公共服务体系，加强和创新社会管理，推动和谐社会建设。着力解决发展不平衡，缩小收入分配差距。建立健全现代社会的保障制度，使人们享有更高水平的医疗服务、更可靠的社会保障。

在生态环境方面，加大自然生态系统和环境保护力度，加强生态文明制度建设，努力实现绿色发展，努力建设美丽中国。控制主要污染物的排放量，提倡植树造林，减少雾霾，争取建成一个山清水秀的自然环境，给子孙后代留下天蓝、地绿、水净的美好家园。

### 三、发展科学技术是建设现代化强国的内在要求

科学技术是现实的直接生产力，在生产力诸要素中具有特殊重要地位。改革开放之后，邓小平根据当代科学技术发展的趋势和现状，提出了"科学技术是第一生产力"的论断。中国政府全面推进科技体制改革，对科技发展目标进行了影响深远的重大调整。

自20世纪80年代以来，中国在各个发展阶段都分别制订有

科技发展计划。1986年3月，邓小平在与科学家谈话时作出跟踪世界高科技发展动态的批示，由此产生了“863计划”。该计划从世界高技术发展趋势和中国的需求及能力出发，选择七个领域十五个主题作为研究与开发的重点。1988年，中国政府先后批准建立了53个国家高新技术产业开发区，加快推进一批科研成果转化。1997年3月，中国在基础研究方面做出研究发展计划，也称“973”计划。该计划重点开展多学科综合性研究，提供解决问题的理论依据和科学基础。经过多年发展，中国逐渐形成了适合中国国情的科技发展战略，建立起了一批科技研发基地，培养、造就了新一代科技队伍，获得了一批具有国际水平的成果，突破了一大批重大关键技术，大大提高了中国高技术研究开发水平，增强了中国科技实力。

进入21世纪以来，世界新技术革命方兴未艾，为了适应新时期中国现代化发展要求，中国制定了新的科技发展规划。2006年，中国制定了《国家中长期科学和技术发展规划纲要（2006—2020年）》，把提高自主创新能力作为调整经济结构、转变增长方式、提高国家竞争力的中心环节。经过多年积累，中国工业化有了长足发展，对科技发展提出了新要求。国内市场对技术创新的要求越来越高，并要求尽快进行产业结构调整和升级。随着“人口红利”衰竭和“刘易斯拐点”的到来，生产成本上升，中国也必须通过技术创新、知识产权保护以及全要素生产率的提高来化解成本上升带来的压力，加快从价值链的低端逐步走向中高端。在这种背景下，2015年中国就工业制造未来发展方向提出了新的规划和设想，布局相关重点发展领域，引导这些行业技术进步。

过去的经验表明，一流的先进技术是买不来的，高端技术的创新发展更要立足于自身，加大科技研发投入。这些年来，中国科研投入的确在不断加大，2016年达到4120亿美元，居世界第二位，仅次于美国的4643亿美元。但中国研发经费的投入强度与发达国家相比仍有较大差距。2016年中国研发经费投入强度为2.12%，较2010年提高0.41个百分点，但与发达国家的差距仍然较大。2010年以来，美国研发经费投入强度基本维持在2.7%以上，日本维持在3.1%以上，韩国均在4%以上。

随着中国科研投入的增加，技术专利增加迅速。2017年中国境内外专利申请369.8万件，授予专利权183.6万件，均为世界第一；2017年全球国际专利申请24.35万件，中国以48882件超过日本成为全球第二，同比增长13%。联合国世界知识产权组织指出，中国现在已是创新型技术主要生产国。近年来，各种新科技成果不断涌现，中国的航天装备、高速轨道交通装备、新一代通信装备、量子卫星、超级计算机、智能制造等一批技术均进入世界前列。

世界新科技革命对各产业发展的促进作用是全球性的、全方位的。由于经费、技术积累、劳动力资源等优势不同，任何一国都难以主宰所有领域。中国需要发挥自己的优势，也要找差距，加快技术创新步伐，向世界先进技术看齐。近年来，不仅中国，世界其他大国也相继制定各自的工业发展战略，如“美国先进制造业国家战略计划”“德国工业4.0战略实施建议”“英国制造业2050”“日本制造业白皮书”“新工业法国”等战略。中国在制定自身工业发展规划过程中，公开征求多方意见，并与欧盟等进行了对话和交流，建立了政府间合作机制，互学互鉴。

# 第二节
# 中国梦归根结底是实现人民对美好生活的期盼

02

从新中国在一穷二白的情况下提出对现代化的憧憬，到邓小平谨慎提出争取GDP人均达到1000美元的“中国式的现代化”目标，再到“全面建设小康”和“全面建成小康”，再到努力建成富强民主文明和谐美丽的社会主义现代化强国，可以清晰地看到，中国梦的根本落脚点是实现人民对美好生活的追求和向往，实现社会全面发展和普遍幸福。这个追梦过程是在不断确立和修正阶段性目标中实现的。中国梦不仅仅是一个国家理想，更是亿万人民群众的福祉所系。

## 一、追求幸福是中国梦的本质所在

实现对美好生活的期盼是人类共同的奋斗目标。追求和享受幸福生活是人的本性需要和自然诉求。人类文明历史的前提无疑是要有生命个体的存在，为了能够生存，就必须满足生命个体的基本的物质生产和生活需要，对这些需要的满足就是对幸福的追求和渴望。人类社会进步和发展的根本目的，就在于不断满足人的物质和精神需要，不断实现人对幸福的追求，这是人类社会发展的基本规律。

对于每一个中国人而言，实现中国梦，就是要过上更加富裕、更有尊严的生活，实现每个人自由和全面的发展。更具体地讲，就是期盼有更好的教育、更稳定的工作、更满意的收入、更可靠的社会保障、更高水平的医疗卫生服务、更舒适的居住条件、更优美的环境和更均等的机会。中国梦是每个中国人、每个家庭对幸福的追求，其核心要素包含着“勤劳”“勇气”“创意”“毅力”和“决心”，相信只要坚持辛勤耕耘，人人都有出彩的机会，享有梦想成真的机会。

追求幸福包括物质和精神两个方面。改革开放40年来的大部分时间里，劳动者的个人梦想主要是物质上的追求，从过上温饱生活到奔向小康，然后才是精神上的追求。过去，人们主要追求的是购买自行车、电视机、电冰箱，适应城市化发展，从农村搬到城市，为子女提供良好的教育。如今，人们不仅希望得到基本的物质生活，还关心环境问题、政治参与，希望丰富自己的精神世界。

实现对美好生活的期盼，要创造公平的社会环境，在追求幸福梦想的道路上一个人都不能少。要通过各种体制机制建设，保证人民平等参与、平等发展的权利，维护社会公平正义，使发展成果更多、更公平惠及全体人民。进一步讲，就是要保障学有所教、劳有所得、病有所医、老有所养、住有所居，在经济社会不断发展的基础上，使全社会朝着共同富裕的方向稳步前进。

中国人民追求幸福的梦想与世界其他各国人民所追求的梦想一样朴实。正如美国历史学家詹姆斯·特鲁斯洛·亚当斯在《美国史诗》一书中描述的美国梦一样，“在这片土地上，每个人的生活都可以变得更好、更富足，每个人都能以他的努力和成就找到自己的机会”。中国人民也迫切希望通过自己的努力奋斗过上更好、更富裕和更幸福的生活。2014年，英国最大的广告和公关集团WPP在议会下院发布的《中国梦的力量与潜力》调查报告认为：中国梦、美国梦、英国梦是相似的，三国民众都最希望在个人层面获得健康、幸福和良好的家庭生活条件。不同之处在于，中国梦不仅是个人愿望的表达，也是对国家未来发展的期望。

中国梦是世界梦的重要组成部分，占世界人口五分之一的中国人能够安居乐业，为世界各国人民幸福生活创造了条件。中国人本来就应该靠自己发展起来，近14亿人口不能坐等别人来养活、端上盘子送来美好的生活。不管是中国梦、美国梦、英国梦还是其他国家梦，都是为了实现人民对幸福生活的期盼。正如中国国家主席习近平2015年9月22日在接受《华尔街日报》采访时指出的:“各国人民包括美国人民都对未来有着共同梦想：世界和平，社会安宁，生活富足。当然，由于历史文化、发展阶段的不同，中国梦、美国梦以及其他国家人民的梦想内涵不尽相同，实现的具体途径和方式也可能不完全一样。”

**二、未来发展需要不断破解中国难题**

实现中国梦最根本的就是要办好中国自己的事情，通过不断解决前进中的“中国难题”，造福于本国人民，同时也造福于全人类。

改革开放走到今天，中国经济发展所依赖的资源红利、环境红利、人口红利正在变弱。与此同时，生产力和生产关系的不平衡不充分也进一步表现出来，成为满足人民日益增长的美好生活需要的主要制约因素。在未来的发展中，需要系统全面思考如何统筹处理好现代化发展与环境承载能力的关系，如何处理好区域之间和个体之间利益不平衡问题，如何兼顾好投资、消费与出口的关系。诸如此类的问题涉及宏观发展和微观生产关系方方面面，影响下一步的发展质量和速度，要一一解决绝不是一件轻松的事情。

改革开放以来，中国经济增长主要是通过加快工业化、高度依赖出口和实施粗放发展方式，现在已经受到资源供给、环境质量、生态容量、气候变化等多种因素制约。中国制造过去依靠廉价的自然资源，在带动经济快速发展的同时，也导致了高能耗、高污染、环境质量下降、水资源供给短缺等问题。因此，需要转变粗放发展方式，改变生产和消费结构。这是一个长期过程，同时还需要支付巨大的成本，实现生态文明目标、建设“美丽中国”并不能一蹴而就。

社会建设比经济建设难度更大，突出的问题是发展的不平衡，利益分配机制有待改进。在改革开放的进程中，由于制度不完善、法规不健全等原因，各地域发展不均衡，东西部发展差距拉大，即便是同一个省份，各区域之间的发展也不平衡。在某些领域，出现部门利益藩篱，少数人、少数部门既得利益不愿意被触碰。这些领域既包括传统资源性领域，也有公共服务领域；既包括行政垄断领域，也有行业监管领域。此外，劳动者个体之间的收入也存在分配不均，实现社会和谐发展，还需要对低收入和处于温饱状态的人群给予大量的财力投入和制度保障。解决诸多发展不平衡问题，还需要全方位、综合考虑，需要制度创新。

改革开放促进社会观念急剧变化，社会结构加速重构，人们的利益日益多元化，对社会治理提出了更高要求。与此同时，民主、法治、公平、正义、安全等方面发展不充分，相互之间关系不协调。不少领域的问题牵涉的利益格局十分复杂，牵一发而动全身，越来越需要从体制机制上寻找问题的根源和解决办法，越来越需要从制度上进行系统谋划、顶层设计和综合配套。

总之，实现中国梦还需要花大力气处理发展中出现的问题，尤其是需要集中精力破解重大矛盾、问题和难题，将社会生产和社会治理过程中的短视化、碎片化和枝节化倾向，引导到注重整体性、根本性、长远性和战略性的问题和任务上来。

## 三、实现中国梦需要健全制度体系

实现中国梦任务十分艰巨，必须破除一切妨碍科学发展的思想观念和体制机制弊端，构建系统完备、科学规范、运行有效的制度体系，使各方面制度更加成熟、更加定型。

首先要全面深化改革，尤其是改革原有制度体系中束缚经济和社会发展的因素，加快推进国家治理体系和治理能力现代化。经济体制改革的核心问题是处理好政府和市场的关系，使市场在资源配置中起决定性作用，同时更好发挥政府作用。其关键在于切实转变政府职能，深化行政体制改革，创新行政管理方式，增强政府公信力和执行力，建设法治政府和服务型政府。在行政管理体制改革过程中，纠正“越位”“错位”“缺位”的现象，使市场和社会充满活力和创造力。一方面，大力推进政企分开、政社分开，简政放权，规范审批行为，减少审批环节，市场能办的交给市场，社会能办的交给社会；另一方面，政府把该管的一定要管到位，加强市场监管、社会管理、公共服务、环境保护等。

全面深化改革在根本上要依靠法治来保障，通过法治来推动。同时，也只有为改革画上“法治边界”，才能妥善协调各类利益纠纷，顺利消除各种制度障碍，依法保障改革成果为人民共享。传统上，中国社会是一个以农业为主的社会，主要依赖于人治。随着市场经济体制改革的深层推进，中国社会逐渐过渡到基于交换和契约的现代社会，主要依赖于法治。人与人之间的利益冲突是通过社会所认同的法律规则进行裁定的。法律规则在社会治理中的公平性和权威性，是现代国家法治文明的具体体现。为了推进法治建设，需要完善法治体系，明确各类主体的责任，包括法治国家、法治政府、法治社会。同时，要完善法治的基础设施，包括提高人口素质、彰显法治权威、凸显违法成本，使尊法成为习惯，使守法成为自觉。通过不断完善科学立法、严格执法、公正司法、全民守法的现代法治体系，提升社会整体法治意识，推进“平安中国”建设进程。

# 第三节
# 中国发展中国家的经济属性与政治属性

03

虽然中国已经是世界第二大经济体，但仍面临诸多发展问题，中国的社会属性仍是一个发展中国家，人均GDP、经济社会发展质量与发达国家还有差距。中国要发展到现在富裕的发达国家的水平，还需要几十年甚至几代人的努力。但是，无论中国发展到什么程度，在政治属性上始终是发展中国家这个重要群体当中的一员，彼此命运相连，休戚与共。

## 一、中国仍然还是发展中国家

自1949年新中国诞生以来，靠自己的努力，加上广泛的国际合作，中国取得了巨大的发展成就，成为世界第二大经济体，可谓世界发展史上的一个奇迹。中国的发展惠及了中国人民，也惠及了全世界。但中国在许多方面都还呈现出发展中国家的特征，总体上仍是发展中国家。

虽然中国GDP总量已位居世界第二，超过一些发达国家，某些产品生产以及货物出口总额位居世界第一，但GDP总量不是判断国家强盛的唯一指标。中国各方面的发展水平，特别是发展的质量，同发达国家相比还存在不小差距。中国真实发展状况，还需综合考虑人均、结构、效益等方面因素。中国人口13亿多，人均GDP同世界平均水平相比还有差距：2017年，中国人均GDP为8643美元，相当于全球平均水平的80%，不及美国的1/6、欧盟和日本的1/5、韩国的1/4，排在全球第71位，不但远远落后于发达国家，还落后于哈萨克斯坦、墨西哥、马来西亚等发展中国家，相当于瑙鲁的水平。未来，中国GDP总量还会增大，但巨大的人口基数使得中国人均GDP和富裕的发达国家相比，还会有相当大的差距，实现富民强国梦还有很长的路要走。

中国的综合发展水平特别是创新能力、劳动生产率、社会福利水平等，与发达国家也有相当大的差距，有的指标甚至低于一些发展中国家。在联合国人类发展指数排名中，中国排在第91位，不及多数发展中国家，落后于突尼斯、斐济、叙利亚、乌克兰、利比亚等。中国城乡和区域发展水平仍很不平衡，北京、上海等大城市现代化程度较高，但在中西部特别是偏远农村，人们的居住、交通、教育、医疗等条件还相当差，有的地方甚至还喝不上干净的饮用水。

中国为消除贫困做出巨大努力，但中国面临的减贫任务依然艰巨。按中国自己的标准，还有7000多万农村贫困人口，12.8万个贫困村，3000万个贫困家庭。按照联合国的标准，目前仍有1.5亿人没有脱贫。按照世界银行的标准，中国还有约2亿贫困人口，相当于法国、德国、英国人口的总和。中国清楚认识到自身所面临的挑战，所以树立了要到21世纪中叶达到中等发达国家水平的目标。要实现每个中国人的美好生活，就必须继续努力发展生产力，加大扶贫工作力度。

中国还面临老龄社会的挑战。伴随着受教育水平提高、生活水平提高，人民为了追求更高的生活质量，生育意愿减弱，年轻人口减少，人口老龄化日趋严峻。2013年，全国老年人口突破2亿，预计2025年将突破3亿，2033年突破4亿，2053年达到峰值4.87亿，分别占届时亚洲老年人口的2/5和全球老年人口的1/4。另有一种预测，中国老年人口峰值将逼近5亿，比届时发达国家老年人口的总和还要多出1亿。中国将是除日本外的世界人口大国中，老龄化速度最快的国家。

中国如此大的人口规模，既是优势也是劣势。任何小的问题容易复杂化，形成蝴蝶效应也就成为大问题，加之社会结构越来越复杂，如果处理不好，就可能进一步放大。中国在实现自己的规划和目标的过程中，还面临许多未知挑战。中国向现代化国家转型将是一个长期的过程，这就决定了中国的根本任务是集中力量发展生产力，始终坚持以经济建设为中心不动摇，牢牢把握发展这个解决所有问题的关键。

为此，中国需要继续深化改革，扩大开放，实现更大更好发展，继续发展同世界各国的合作，学习治国理政经验，汲取教训。中国站起来、富起来、强起来是一个长期的历史发展过程。实现民族复兴需要不断克服自身问题，实现自我超越。即便21世纪中叶实现了中共十九大确立的奋斗目标，那时的中国也只是诸多强国中的一个。

## 二、中国始终是发展中国家一员

维护发展中国家的利益就等于维护中国的自身利益，而中国自身的发展也意味着发展中国家整体力量的增长。中国无论发展到哪一步，都将继续同广大发展中国家站在一起，继续做发展中国家的可靠朋友和真诚伙伴。

中国作为最大的发展中国家，对发展中国家有一种天然的理解和同情，这是基于中国的现实国情和发展阶段，也源于中国的历史遭遇。中国曾经饱受外侵，和广大亚非拉发展中国家在维护国家主权和安全方面有着共同关切，懂得发展中国家对维护国家主权独立的执着。中国在贫穷落后中奋发图强，才有今天这样的发展成就，清楚发展中国家对振兴经济的渴望。中国曾经遭受国际上不公正待遇，理解发展中国家维护自身正当合法权益的期盼。

作为发展中国家的一员，中国和广大发展中国家在国家建设中遇到许多相似问题，在各自发展道路上摸索前行，有成功也有失误。中国改革开放40年所积累的经验和教训，对世界其他发展中国家的建设具有借鉴参考作用，中国愿意与其分享，以求相互学习，相互提醒，从而达到相互帮助的目的。

中国在自身发展还比较困难的时候，就支持和帮助发展中国家消除贫困和改善民生，现在发展起来了，更将加大对发展中国家的支持。

当前，国际格局正在经历前所未有的大调整和大变化，对于广大发展中国家来说，机遇前所未有，挑战也同样严峻。面对新形势、新挑战，中国愿意加强同所有发展中国家的团结合作，在实现自身发展振兴的同时，加强南南合作，共同建设更广泛的发展伙伴关系，共同构建更加开放的世界经济，增强发展中国家群体在全球治理体系中的代表权和发言权。

# 第七章
# 中国梦与人类命运共同体

中国梦根植于中国历史与中国人民心中。
目前，关于中国梦对世界的影响，国际上存在许多误读和误解，
澄清这一影响，对理解中国外交政策具有特殊意义。
对1840年鸦片战争以来的近代历史，中国人民有着痛苦的集体记忆。
然而，经过一个多世纪的奋斗，中国人民站了起来，
其间从未放弃对美好未来的渴望。
民族复兴一直是近代以来中国人民的最大梦想。
中国梦既是每个中国人的梦想，也是整个国家的梦想。
这不是幻想，也不是空洞的口号；这是一个跨越三个世纪的梦想，
而绝非秘密追求和争夺世界统治地位的中国战略。
从根本上讲，中国梦就是让中国人民的生活更美好，
并与其他国家携手合作，让世界各国人民的生活更美好。
每个国家都有自己的梦想，梦想带来希望。
中国对未来抱着和所有其他国家同样的梦想：
世界和平、社会安全稳定、生活体面。
诚然，因历史、文化和发展阶段差异，
中国和其他国家的梦想可能不完全相同，追求方式也有所差异。
但条条大路通罗马：尽管意义不尽相同，但各民族的梦想都激励他们前行，
所有这些梦想都为中国与世界其他国家的合作创造了重要机会。
中国梦与其他国家人民的梦想密切相关。
只有在和平的国际环境和稳定的国际秩序下，这一目标才能实现。
为了促进中国梦的实现，
中国确定了未来外交政策的两个总体目标：
构建人类命运共同体和构建新型国际关系。

# 第一节
# 构建人类命运共同体

01

2013年访问俄罗斯期间，中国国家主席习近平在莫斯科国际关系学院首次提出“人类命运共同体”概念。此后，习近平主席（同时也是中共中央总书记）多次在国内外重要场合提到这一构想，包括2017年召开的中国共产党第十九次全国代表大会。

顾名思义，人类命运共同体意味着每个民族、国家的未来与其他国家的未来紧密相连，无论形势如何，人类都应该站在一起，荣辱与共，把地球建设成为一个和睦的大家庭，把世界各国人民对美好生活的向往变成现实。

## 一、中国眼中变化的世界

回首最近100年的历史，人类经历了血腥的热战，冰冷的冷战，也取得了惊人的发展、巨大的进步。冷战结束后，人们一直追求建立和平、扩大合作、推动共同发展的共同愿望。

目前，世界正经历百年未见的大发展大变革大调整。世界多极化、经济全球化深入发展，新一轮技术和工业革命正在形成。国家之间从未如此相互依存，和平力量的上升远远超过战争因素的增长，和平、发展、合作、共赢的呼声已成为时代潮流。

另外，国际形势依然存在突出的不稳定性、不确定性和不可预测性。武装冲突时有发生，冷战思维、强权政治、单边主义和保护主义不时抬头，地区动荡、恐怖主义、气候变化、难民流动等非传统安全威胁仍未得到解决，经济金融风险阴云不散，发展鸿沟日益突出，所有这些都使全球安全挑战比以往任何时候都复杂。

世界将去向何方？人类可以做些什么，来塑造一个我们都向往的世界？这是迫切需要回答的时代之问。在此背景下，习近平总书记在中共十九大报告中指出："没有哪个国家能够独自应对人类面临的各种挑战，也没有哪个国家能够退回到自我封闭的孤岛。"解决人类共同面临的难题需要各国携手合作。对此，中国提出"构建人类命运共同体"，以"中国方案"协助应对不断变化的国际秩序和体系。

## 二、中国人对人类美好未来的愿景

中国梦包含建设一个持久和平、普遍安全、共同繁荣、开放包容、清洁美丽的世界的愿景，具有鲜明的中国特色。

首先，这是一个和平的愿景。和平是中国外交的根本属性，也是打造人类命运共同体的重要前提。打造人类命运共同体，需要各国都坚持走和平发展道路，反对使用或威胁使用武力；既坚定维护国家主权和正当权益，又坚持通过对话协商以和平方式处理国际争端，实现各国和睦相处、和谐共生、和平发展。

其次，这是一个正义的愿景。打造人类命运共同体，意味着各国不分大小、强弱、贫富一律平等，共同享受尊严、发展成果和安全保障，维护以联合国宪章宗旨和原则为核心的国际关系基本准则和国际法基本原则，弘扬和平、发展、公平、正义、民主、自由等全人类的共同价值。

再次，这是一个包容的愿景。人类命运共同体是一个生机勃勃、开放包容的体系，包含不同地理区域、历史文化、社会制度、经济体量、发展阶段的国家。各国求同存异、和而不同、加强合作、谋求共赢。在追求自身利益的同时，中国心怀全人类共同利益，鼓励所有国家和平共存，参与有利于各方共赢的建设性互动。这反过来也将为中华民族的伟大复兴创造有利环境。

最后，这是一个综合的愿景。人类命运共同体是一个多向度的概念。中国在双边、地区、全球层面都提出了构建命运共同体倡议，涵盖政治、安全、发展、文明、生态等多个领域。

### 三、构建人类命运共同体的基本要求

愿景指导行动，也只能通过行动实现。为构建人类命运共同体，中国认为，国际社会要从伙伴关系、安全格局、经济发展、文明交流、生态建设等方面做出努力，包含以下五大方面：

坚持对话协商，建设一个持久和平的世界。从公元前5世纪的伯罗奔尼撒战争到两次世界大战和冷战，都给人类带来了惨痛的教训。各国应改进国际机制和举措，更有效地解决争端、缓和紧张局势、结束区域战争和冲突。国家之间要构建对话不对抗、结伴不结盟的伙伴关系。中国将继续坚持独立自主的和平外交政策，始终不渝走和平发展道路，坚持对话而非对抗、结伴而非结盟。

坚持共建共享，建设一个普遍安全的世界。没有哪个国家能享受绝对安全，也不应以牺牲他人为代价来寻求绝对安全。在他国动荡之时，一国也无法独享太平，因为其可能会受他国威胁的困扰。各方应该树立共同、综合、合作、可持续的安全观。中国认为，解决共同威胁需要国际合作，中国也将继续努力提升各国战略信任。

坚持合作共赢，建设一个共同繁荣的世界。发展，是所有国家的首要任务。中国认为，各国特别是主要经济体要加强宏观政策协调，着力解决深层次问题。各国应坚持世界贸易组织规则，支持开放、透明、包容、非歧视性的多边贸易体制，构建开放型

世界经济。开放对繁荣至关重要，搞贸易保护主义、画地为牢，损人不利己。中国从自身现代化建设中获得的一个重要启示，就是通过开放促进改革和发展；中国开放的大门不会关闭，只会越开越大。

坚持交流互鉴，建设一个开放包容的世界。文明间的对话是和平共处的重要基础，尊重文化多样性对世界和平至关重要。每个国家都有权选择适合其国情的发展道路，不同的文明之间要取长补短、共同进步。

坚持绿色低碳，建设一个清洁美丽的世界。工业化创造了前所未有的物质财富，但也给环境造成了巨大的破坏。人类决不能以破坏性方式谋求发展，即穷尽前人留下的资源，而不为子孙后代留下东西。各方应致力于维持人与自然的和谐，追求可持续发展。

### 四、创造更美好的世界，需要构建新型国际关系

国际事务的未来应取决于世界人民的选择。为构建人类命运共同体，国际社会应以强烈的责任感聚到一起，抓住机遇，迎接挑战。为此，中国积极推动构建相互尊重、公平正义、合作共赢的新型国际关系。

新型国际关系需要对话不对抗、结伴不结盟，以友谊代替敌意。它鼓励有关各方就共同问题进行讨论，并寻求共赢结果，超

越“非敌即友”、零和博弈、赢者通吃的思维。

新型国际关系提倡以下核心原则。第一，相互尊重。各国不分大小、强弱、贫富、制度、宗教、文明，一律平等。第二，公平正义。拒绝弱肉强食的丛林法则，维护各国尤其是发展中国家的合法权益。第三，合作共赢。各国应共同努力，通过扩大互利合作，有效应对日益增多的全球性挑战，协力解决关乎世界发展和人类进步的重大问题。

为构建新型国际关系，中国将继续促进世界和平、发展、合作和互利共赢。中国奉行独立自主的和平外交政策，坚持走和平发展道路，践行互利共赢的对外开放战略。中国尊重各国人民的选择，相信各国无论大小、强弱、贫富，一律平等。中国已向世界表明，自己永远不会寻求霸权或扩张；无论发展到什么阶段，中国都将始终维护世界和平，维护国际秩序，为全球发展作贡献。

# 第二节 推进中国特色大国外交

02

作为一个拥有近14亿人口、经济持续快速增长的大国，中国近代以来从未享有如此高的国际地位，也从未如此举世瞩目。当前的问题是：中国将在全球事务中扮演何种角色，将采取何种外交政策，会对世界产生何种影响？世界对这些问题感兴趣，中国也在思考并探索这些问题。

中国的答案就是提出了“中国特色大国外交”，这一概念承认中国是世界上的一个大国，但在外交上有与众不同的特色。中国以独特的远见、风格和方式走上大国外交之路，并全方位、多层次地推进外交工作。中国外交事业为中国的发展创建了有利的外部环境，并为世界和平和发展作出了新的重要贡献。

## 一、作为大国的中国

当今中国是130多个国家的最大贸易伙伴，是一个快速增长的主要出口市场，是最受欢迎的投资目的地之一，也是世界上最大的能源资源产品进口国。过去10年里，中国已成为驱动世界经济增长的一个重要引擎。自2008年全球金融危机爆发以来，中国不仅助力国际货币基金组织，向陷入难关中的国家伸出援手，还通过自身及其他新兴市场国家的稳健增长，为全球经济复苏注入希望。中国和世界日益相互依赖，并实现更广泛的互动。中国的发展比以往更加需要世界，反之亦然。

作为一个大国，中国能对自身有如此感知，是对世界和本国人民发出了两条相辅相成的信息：一方面，中国正成长为一个日益重要、日益强大的国家，再度成为一个安全、强大、受人尊敬的大国；另一方面，一个再度崛起的中国不会对其他国家构成任何威胁。中国崛起意味着中国以自身独特的方式寻求重要的国际地位，而不会扰乱现有国际秩序。中国崛起具有正当性，有利于中国和世界。中国是一个不一样的新兴大国。

## 二、中国独特的大国外交

2012年中共十八大以来，中国开始探索中国特色大国外交之路，致力于构建人类命运共同体，建立新型国际关系。新时代中国特色大国外交基于新中国成立以来的外交实践，尤其是中共十八大以来的外交理论和实践创新。习近平总书记在向中共十九大作报告时，对新时代中国外交作了阐述，为未来描绘了蓝图，指引了道路。他强调，新时代的中国日益走近世界舞台的中心，并为人类作出更大贡献。中国共产党将为中国人民的福祉和人类的进步而努力奋斗。为人类作出新的更大贡献是党的永恒使命。

中国外交的独特之处基于中国作为发展中国家的国情。虽然从总量上说，中国是第二大经济体，但是从人均收入上说，中国落后于80多个国家。根据联合国的标准，中国仍有超过100万人口生活在贫困之中。确实，中国既不够富裕，也不够强大。要让近14亿中国人民真正实现幸福和富裕的生活，仍然任重道远。基于这一基本现实，中国在开展外交时，首先关注的是服务并推动发展这一中心任务，并努力有效地建立一个良好的外部环境。与此同时，中国也承诺愿同其他国家合作促进发展，这是解决世界上许多问题的关键所在。

中国外交的独特之处源自1949年新中国成立以来形成的优良传统。60多年来，无论国际局势如何变幻，独立与和平一直是中国外交的基本特征，也是中国对外政策的基石。这一时期，一系列重大外交政策和战略思想在实践中逐渐形成，包括独立自主的和平外交政策，和平共处五项原则，坚持高举和平、发展、合作、共赢的旗帜，走和平发展道路，以及努力构建和谐世界。

中国外交的独特之处植根于中国遵循的社会主义理念。中国特色社会主义道路引领中国走向发展进步，得到中国人民的强力支持。中国在开展外交工作中，倡导国家不论大小一律平等，推动国际关系民主化，拒绝任何丛林法则，反对任何形式的霸权主义，反对大国、强国霸凌小国、弱国和穷国，反对干涉别国内政。

中国外交的独特之处符合时代大势，符合世界的总体方向。世界正经历前所未有的变局和调整：一批新兴国家正同时崛起，发展中国家的集体力量正稳步壮大，国际权力平衡更趋均衡。但是，世界仍不太平。传统和非传统安全威胁相互交织，金融风险、气候变化、粮食安全、网络安全和其他全球性议题日益严峻，国际社会亟须加强协调合作，共同应对这些难题。中国作为和平和发展的倡导者，将继续开展与时俱进的外交，促进国际秩序朝着更加公正公平的方向演化。简而言之，中国特色大国外交的理论框架正是在上述环境中形成的，其中，和平与发展是战略选择，合作共赢是基本原则，伙伴关系是主要途径，坚持正确的义利观是首要原则。

### 三、拓展全球伙伴关系网络

中国外交的基本路径是发展全球伙伴关系，扩大同各国的利益交汇点。中国将扩大同各国的利益交汇点，推进大国协调和合作，构建总体稳定、均衡发展的大国关系框架，按照亲诚惠容理念和与邻为善、以邻为伴周边外交方针深化同周边国家关系，秉持正确义利观和真实亲诚理念加强同发展中国家团结合作。

中国所构建的全球伙伴关系具有三个基本特点：

第一，平等性。国家不分大小、不论发展程度的差异，都应当尊重彼此的主权、独立和领土完整，尊重彼此选择的发展道路和价值观念，相互平等相待，相互理解支持。

第二，和平性。伙伴关系与军事同盟关系最大的不同在于不预设任何假想敌，也不针对任何第三方，从而使得国家之间的关系不受军事因素的影响。致力于以合作而非对抗的方式，以共赢而非零和的理念处理国与国关系。

第三，包容性。超越社会制度与意识形态的异同，最大限度地谋求共同利益与共同目标。正像习近平主席所指出的，“志同道合，是伙伴。求同存异，也是伙伴”。当然，伙伴关系并不意味着放弃原则，中国在国际事务中仍将坚持独立自主的外交方针，根据事情本身的是非曲直决定自己的立场，做出自己的判断。

在这一开放包容理念的指引下，中国已同100多个国家建立起伙伴关系。这些国家彼此之间各有不同，伙伴关系的名称和形式也不尽一致，但其实质内涵都是平等相待，互利共赢，都超越了社会制度和发展阶段的差异。中国的这一重要实践，为各国之间探索相处之道提供了新的选择，受到各方的普遍欢迎和认可。

——大国关系。大国有责任也有义务为维护国际和平与安全发挥更大作用。中国将继续推动构建总体稳定、均衡发展的大国关系框架，愿与其他大国加强对话、增进互信、发展合作、管控分歧，维护全球和平与安全，促进世界发展与繁荣。

中美分别是世界上最大的发展中国家和最大的发达国家。长期、健康、稳定的中美关系不仅符合两国人民的根本利益，也是国际社会的普遍期待。双方的共同利益远大于分歧。中国历来重视同美国的关系并且致力于推动建立不冲突不对抗、相互尊重、合作共赢的中美关系。两国存在分歧是正常的，但是一方不能总是因为自己的问题而责怪另一方，或是犯下战略误判的基本错误。这不仅会伤害彼此，也会动摇世界的稳定。

中俄两国互为最大的邻国，中俄关系经历了国际风云的检验，日益显示其坚韧性和稳定性。习近平主席与普京总统互动频繁，在关乎欧亚地区振兴的发展战略上加强深度对接，引领中俄战略协作向着更高水平、更宽领域、更深层次不断迈进。中俄关系已经成为维护当今世界和平稳定的重要基石，也是具有不同社会制度的大国之间合作共赢的成功典范。

中欧有着广泛的共同利益。中国历来重视欧洲的战略地位和作用。中欧和平、增长、改革、文明四大伙伴关系建设不断取得新的进展。双方高层频繁互动，保持和加强战略沟通。面对欧洲内部聚集的各种不稳定因素，中国对欧政策坚定不移，始终如一。

——同周边国家关系。中国人常讲，远亲不如近邻。这显示了与周边国家关系的重要性。中国按照亲诚惠容理念和与邻为善、以邻为伴周边外交方针深化同周边国家关系。多年来，中国积极增进地区国家的相互理解信任，迄今同8个周边国家签署了睦邻友好合作条约。中国已准备好同其他有意愿的邻国签署这一条约，以把和平相处、友好合作的政策意愿通过法律形式固定下来。中国同14个邻国中的12个彻底解决了陆地边界问题。中国致力于同地区各国一起增强互利共赢的经贸关系，包括推动区域全面经济伙伴关系（RCEP）有关商谈进程，争取早日签署，为亚太合作开辟新的前景。

中国将坚持落实《南海各方行为宣言》和“南海行为准则”磋商“双轮驱动”，同域内国家一道，维护南海稳定，推动海上合作。

——同发展中国家关系。中国视发展中国家为自身和平发展过程中值得信任的伙伴。中国历来重视同发展中国家的关系，因为维护发展中国家的利益就等于维护中国的自身利益，而中国自身的发展就意味着发展中国家整体力量的增长。中国秉持正确义利观和真实亲诚理念加强同发展中国家团结合作。中国已经同发展中国家建立了包括中拉论坛、中非合作论坛和中阿合作论坛等对话合作机制。

习近平主席明确指出，无论发展到哪一步，无论国际风云如何变幻，中国都将继续同广大发展中国家站在一起，永远做发展中国家的可靠朋友和真诚伙伴。中方的鲜明立场，基于中国的现实国情和发展阶段，也源于中国的历史遭遇和制度属性。曾经在近代饱受外来侵略的中国，最懂得发展中国家对主权独立的执着。从贫穷落后中奋发图强的中国，最清楚发展中国家对振兴经济的渴望。坚持公道正义的中国，最理解发展中国家维护自身正当合法权益的期盼。

### 四、“一带一路”倡议

2013年9月和10月，中国国家主席习近平访问中亚和东南亚时提出了联合打造丝绸之路经济带和21世纪海上丝绸之路的倡议，举世瞩目。

“一带一路”倡议有五个主要目标，分别是增强与沿线国家的政策沟通、道路联通、贸易畅通、货币流通和民心相通。“一带一路”倡议秉持共商、共建、共享的原则。

“一带一路”已经成为当今世界最受欢迎的国际公共产品。它的成功关键在于顺应了各国要求加快发展的共同愿望，从而为破解发展难题、完善经济治理、实现可持续发展、推动全球化再平衡开辟了新的路径。到目前为止，已经有130多个国家和国际组织同中国签订了“一带一路”合作协议。

“一带一路”将中国梦与世界梦紧密地联系在一起。它源于中国但属于世界，它不是中国的独奏，而是沿线国家的大合唱。中国致力于同世界携手合作，共创繁荣和平的人类命运共同体。

在“一带一路”倡议的落实过程中，中国坚持合作共赢，而非零和博弈。

“一带一路”倡议不应当同马歇尔计划相提并论。两者都是关于和平时期的基础设施投资，但除此以外，两者本质上完全不同。马歇尔计划是冷战时代美苏争霸的产物，带有明显的意识形态、地缘政治色彩，而“一带一路”是经济合作倡议、互联互通倡议。马歇尔计划有一个分界线，排斥苏联东欧阵营，但“一带一路”坚持共商、共建、共享的原则，大家共同参与。

“一带一路”倡议绝不是债务陷阱。一些发展中国家的债务问题未必同“一带一路”相关。中国是国际投资与金融市场的后来者，距离“一带一路”倡议的提出也才过去几年。因此，中国不应当为所有的债务负责。以斯里兰卡为例。斯里兰卡总是作为“债务陷阱”的案例被西方媒体所提及。然而，根据斯里兰卡中央银行2017年的年报，在该国总共500多亿美元的外债中，中国只占10%。而且，60%以上的中国贷款都是利率远低于国际水平的优惠贷款。至于汉班托塔港，这个项目是应斯里兰卡请求建设和运营的。斯里兰卡多年的愿望是利用地理优势打造一个印度洋上的物流中心、仓储中心。过去因为战争、内乱，这个愿望无法实现，现在稳定了，所以寻求中国的帮助希望建设一个国际化港口。应当注意的是，汉班托塔港的主权和所有权始终是斯里兰卡的。

此外，中国的投资重点是基建项目，这些项目见效可能比较慢，但是毕竟是有效资产，其价值会逐渐增加。因此，从长远来看，对东道国是有利的。举例来说，非洲国家长期以来也得到过西方不少的援助，但由于基础设施落后，其发展依旧缓慢，所以中国对非洲基础设施的投资是找到了影响非洲发展的症结所在。非洲急需公路、铁路、发电厂、飞机场、码头这样的基础设施，中国在这些领域的投资将慢慢对当地经济产生拉动作用。一条路不是简单的交通线，而是一个经济带，一条经济走廊，可以带动整个区域经济发展。

### 五、积极参与全球治理

中共十八大以来，中国在国际机构和国际决策过程中的参与不断深化。中国致力于在改革和发展国际治理体系中发挥重要的建设性作用。

中国几十年的发展很大程度上得益于国际合作。因此，中国应该为国际发展事业作出贡献，很多发展中国家朋友对中国提出了这方面的强烈愿望。中国愿同广大联合国成员国一道，推动建设以合作共赢为核心的新型国际关系，完善全球治理结构，共同构建人类命运共同体。

世界上很多有识之士都认为，随着世界不断发展变化，随着人类面临的重大跨国性和全球性挑战日益增多，有必要对全球治理体制机制进行相应的调整改革。

当前，全球治理面临许多挑战。第一，自特朗普当政实行“美国优先”政策以来，美国已经成为当今世界最大的不确定性因素。第二，随着贫富差距持续加大，民粹主义和反全球化趋势不断增强。第三，文明间关系处在十字路口，究竟会向冲突还是和平共存演变？

为了应对这些挑战，并且减缓其对于中国的负面影响，中国将致力于打造更加平等、公正、有效的全球治理体系。通过主办2014年北京亚太经合组织领导人非正式会议、2016年二十国集团领导人杭州峰会以及出席一系列重大多边外交活动，中国积极参与和引领全球治理进程，为改革完善全球治理体系、推动建立更加公正合理的国际秩序，讲好中国故事、贡献中国智慧、提出中国方案。

中国坚持世界的问题必须由各国人民共同协商解决，全球治理的成果也应当由所有国家和不同阶层、种族的人民共享。中国主张多边主义，坚定维护联合国的权威和地位，支持联合国在国际事务中发挥积极作用。中国支持多边贸易体制并将致力于推动经济全球化朝着更加开放、包容、平衡和普惠的方向发展。中国坚决反对贸易和投资保护主义。对于海洋、极地和网络空间等新兴领域，中国坚持各国应当共同建立合作共赢的新机制、新规则和新平台。

## 第三节
# 中美关系与共建世界美好未来

03

中美关系下滑的速度超出人们预料。许多人都在怀疑：两国是否会走向所谓的“修昔底德陷阱”？

### 一、特朗普现象

中国一直在不冲突不对抗、相互尊重、合作共赢的原则基础上，积极发展与美国的关系。为解决新兴大国与守成大国互动常引发的安全困境，中国付出了真诚的努力。中国相信，“修昔底德陷阱”可以而且应该避免。

2017年3月，时任美国国务卿雷克斯·蒂勒森在首次访华期间表示，美方愿根据上述原则发展与中国的关系。但是，他的表态却因借用了中国政府对中美关系的表述，被美国国内批为“犯了一个大错”。

美方不愿用平等、相互尊重、互信和共赢等词语来形容中美关系，这表明，特朗普政府尚未准备好基于各方商定的条件、在现行国际体系规则内发展互利的国际关系。事实证明，正如其“美国优先”口号所示，特朗普更追求单边政策，在世界舞台上奉行狭隘的民族主义，甚至质疑数十年来美国的对华政策。

任期不到两年，特朗普政府已退出跨太平洋伙伴关系协定、巴黎气候协议、伊朗核协议、联合国教科文组织和联合国人权理事会；威胁对国际刑事法院进行制裁；表示美国可能退出世界贸易组织，并宣布“中导条约”已经死亡。美国还挑起对包括中国在内的许多国家的贸易战。

这一切举动都表明，美国正试图改写国际秩序。讽刺的是，特朗普政府认为美国是其主导建立的二战后“国际秩序”的受害者，尽管实际上，美国一直是该秩序的主要受益者。

随着经济全球化，特别是中国及一大批发展中国家的崛起，美国越来越觉得，它在国际事务方面不再享有与以前同等的行动自由和好处。

人们普遍认为，美国正转向零和、狭隘的民族主义，这一点在特朗普政府的涉华言论和行动方面最为明显。

特朗普政府越来越将中国视为对美国国家利益的根本性威胁，并在官方文件中将中国描述为“战略竞争者”和“修正主义力量”、试图“塑造一个与美国价值观和利益相对立的世界”。特朗普总统还宣称，“我们正在进入一个竞争新时代。”

透过战略竞争棱镜，美国认为中国的国内外政策及举措违背了美国利益和意识形态。美国已发动了一系列针对中国的言论攻击和政策调整，其中包括副总统迈克·彭斯在哈德逊研究所发布的好战言论等。

## 二、两个大国、三个“陷阱”的故事

两个大国有陷入“修昔底德陷阱”的可能。但事实上，中美必须注意的并非一个“陷阱”，而是三个“陷阱”。

哈佛大学的约瑟夫·奈教授在特朗普正式上任前的一篇文章中指出：“当选总统唐纳德·特朗普在准备其政府对华政策时，应该警惕两大历史主要陷阱。”

一是“修昔底德陷阱”。这是古希腊历史学家的警告：若守成大国（如美国）过于担忧新兴大国（如中国），灾难性的战争就会爆发。

二是“金德尔伯格陷阱”。马歇尔计划的天才构想者、后执教于麻省理工学院的查尔斯·金德尔伯格提出，20世纪30年代的灾难起源于美国取代英国成为全球最大强权，但又未能像英国一样承担起提供全球公共产品的责任。其结果是全球陷入萧条、种族灭绝和世界大战。

奈的观点中最有趣的一点在于，美国在应对这两个陷阱时可能面临两难境地：一方面，“修昔底德陷阱”主要源于“一个过于强大而非过于疲弱的中国”；另一方面，“金德尔伯格陷阱”则是由于“中国似乎太弱而非太强”，无法“协助提供全球公共产品”。因此，特朗普总统面临一个悖论，因为他“必须同时担心中国过弱和过强”，同时避开“金德尔伯格陷阱”和“修昔底德陷阱”。但最重要的是，他必须避免困扰人类历史的错误估计、错误认识和轻率判断。

不幸的是，这个悖论似乎或多或少也适用于中国。在特朗普政府追求“美国优先”、准备减少美国对国际公共产品的供给时，“金德尔伯格陷阱”让中国的压力不可避免地增加：如果中国拒绝在提供全球公共产品方面承担更多责任，或表示犹豫，我们几乎可以肯定它会面对更严厉的批评，即中国继续搭便车、而非为现有国际秩序作贡献。如果中国采取相反的做法，即像现在一样，承担符合中国快速增长国力的更大的国际责任，国际社会又会指责中国寻求地区乃至全球霸权。

细读美国2017年12月发布的《国家安全战略》中有关中国的部分，可以进一步了解中国面临困境的严峻性。这份特朗普称之为“美国优先的国家安全战略”的文件认为，面对日益激烈的国际竞争，“美国需要重新思考其过去的政策，这些政策基于这样的假设，即与竞争对手的接触并将其纳入国际机构和全球贸易，将使它们成为良性的参与者和可信赖的合作伙伴”，但该战略又总结道，“在很大程度上，该假设被证明是错误的”。

根据该战略，美国需要面对“三个主要的挑战者——‘修正主义大国’中俄、‘流氓国家’朝鲜和伊朗以及跨国犯罪组织，尤其是伊斯兰圣战组织恐怖集团”。它尤其强调“中俄挑战美国实力、影响力和利益，试图侵蚀美国的安全和繁荣，挑战国际经济秩序，让经济变得不那么自由和公平”。此外，特朗普政府调整对华政策的战略定位和策略，美国两大政党、左右两翼以及中间派都对中国持负面看法。他们已经达成了一个重要共识，即自中美建交以来，美国对中国的发展方向出现误判：随着中国逐渐融入美国和西方国家主导的国际体系，它并未像美国在过去几十年所期望的那样朝西方所预期的方向发展。美国需要调整的是对华政策的战略部分，而非策略部分。

在这种情况下，中国需要做得多一些以克服“金德尔伯格陷阱”，同时也需要做得少一些以减少“修昔底德陷阱”的危险。当同时面临两个陷阱时，困境也随之出现：在提供全球公共产品方面，中国必须在“多做”的需求和“少做”的压力间取得平衡。

除上述两个陷阱带来的挑战外，当前的国际形势也给中国带来了第三个陷阱，即“冷战陷阱”。“冷战陷阱”关注“修昔底德陷阱”，以及中西方意识形态差异可能引发的冲突。正如奈指出的那样，关于中美之间所谓的“修昔底德陷阱”，“没有什么是不可避免的”，因为陷阱的影响经常被夸大。换句话说，如果双方都非常清楚地知道，公开冲突的代价太高、无法承担，那么这两个大国就有可能避免这类冲突。然而，尽管在避免公开军事冲突方面前景积极，但中美若无法解决以下两大问题，就仍面临陷入“冷战陷阱”的危险：一是提升战略互信，二是遏制意识形态领域的矛盾。过去和现在的经验都表明，它们并不容易解决。

## 三、新型大国关系

中美建交40年来，人们见证了中美关系演变为全球最重要的双边关系。与此同时，中美关系也是世界上最复杂的双边关系。多年来，尽管历经曲折起伏，但中美关系像是一条穿越山脉的河流滚滚向前：两国经贸关系不断发展壮大，在区域和全球问题上密切协调合作。这样的关系既是强有力的，又有韧性。但也要看到，在美国偏离中美联合公报对两国关系的指导原则、采取违反中国核心利益的举动时，双边关系也会面临低潮，不少重要的交流合作被暂停。

近来，中美关系中的不信任、互相指责倾向不断加强，加之制裁与报复的恶性循环，双方态度愈加强硬：美国国会对中国的抨击越来越普遍，中国公共舆论也发生变化。中美对抗对于两国和世界来说，都有极大的危害；相反，若中美共同努力，双方就能够取得重大成就。在根本问题上，中美领导人决不能对彼此意图产生误判，否则，全世界都将在毫无结果的恶性循环中蒙受巨大损失。

中国无意同美国进行零和游戏和冷战，而是努力寻求与美国实现双赢。过去几年，习近平主席明确提出构建中美新型大国关系的理念，其基本内涵包括“不冲突不对抗”“相互尊重”“合作共赢”。

“不冲突不对抗”是中美新型大国关系模式的先决条件。两国都不会从对抗中受益。战争没有任何意义。“不冲突不对抗”，就是要顺应全球化潮流，解决两国之间的战略不互信，构建对中美关系前景的正面信心。

“相互尊重”是构建中美新型大国关系的一项基本原则。对于中美这两个社会制度和历史文化迥然不同、但利益紧密相连的大国来说，这一原则尤其重要。只有相互尊重对方选择的制度与道路，相互尊重彼此的核心利益与关切，才能求同存异，实现两国的和谐共处。

“合作共赢”则是构建中美新型大国关系的必由之路。中美双方在双边各领域都有着广泛合作需求和巨大合作潜力。同时，作为两个大国，在世界舞台上，从反恐到网络安全，从核不扩散到气候变化，从中东和平到非洲发展，也都离不开中美的共同参与、合作与贡献。

## 四、构建中美新型大国关系的途径

两国应该如何构建新型大国关系？这是一个需要中美双方，包括社会各界共同来探讨和实践的系统性工程，同时也是一个需要双方保持政治定力，持之以恒、不懈推进的长期事业。

第一，两国要不断增进战略互信，使中美新型大国关系建立在更加牢固的基石之上。两国必须正确解读彼此的战略意图。中方始终强调，中国的发展是和平的发展，中国从来都没有想要挑战甚至取代美国地位的战略意图，而是真心实意地希望和包括美国在内的各国共同维护和平，共同实现发展。

第二，两国要大力促进务实合作，使中美新型大国关系建立在更加深厚的共同利益之上。两国应该、并且可以合作的领域非常广泛，包括全球治理、世界经济和全球金融市场。尽管近期出现贸易摩擦，但互利共赢的经贸关系依旧是中美关系健康稳定的压舱石和推进器。

第三，两国要积极加强人文交流，使中美新型大国关系建立在更加坚实的民意基础之上。国与国的关系，归根到底还是人与人的关系。当今时代，民意越来越成为影响甚至左右两国关系走向的重要因素。

第四，两国要不断加强在国际地区热点及全球性问题上的合作，使中美新型大国关系建立在更加紧密的共同责任之上。尽管两国有时候立场不尽相同，但这不该影响双方的沟通与对话——

如在朝核问题上，中美的共同努力并未因贸易摩擦而中止。

第五，两国要重点加强亚太事务合作，使中美新型大国关系的构建先从亚太地区做起。美国提出所谓的“自由开放的印度洋—太平洋”战略，一定程度上就是为了加强在该地区与中国的竞争，但这一对抗态度并不合理。中美应真正尊重和照顾对方在亚太的利益关切。中国尊重美国在亚太的传统影响和现实利益，从未想过要把美国从亚太排挤出去，而是希望美国为维护亚太和平稳定发展发挥积极和建设性作用。正如习近平主席指出的：“宽广的太平洋有足够的空间容纳中美两个大国。”同时，亚太是中华民族几千年来的安身立命之所，中国希望美方也应尊重中国的利益与关切。

第六，两国要妥善有效地管控分歧。完美的世界从未存在，因为现实中人们不可避免地存在分歧。中美不可能在所有问题上都意见一致，在某些问题上难免存在不同立场。但重要的是中美如何管控分歧：双方应相互尊重，求同存异，以建设性方式加深相互理解，不遗余力地将分歧转化为新的合作领域。

### 五、中国梦、美国梦最终能否共存?

1931年，詹姆斯·亚当斯将美国梦定义为“一种社会秩序，在这种秩序下，所有人都能实现依据自身素质所能取得的最大成就，并得到社会的承认，而与他（她）的出身、社会背景和社会地位无关”，这一美国梦以个人为中心。与此同时，美国也有一个作为全球领导者的“美国梦”，即美国是世界上唯一“不可或缺的国家”。

作为全球领导者的美国梦，是否注定与中华民族复兴之梦发生冲突?

中美之间的确有一定竞争。但是，只要两国遵守国际基本准则，且竞争是公平、富有建设性和相互促进的，适度的竞争恰恰符合两国长远利益。

展望未来，中美关系面临大机遇、大挑战。中美关系的前景在很大程度上取决于当下两国的抉择：如果中美两国共同努力，就能够取得重大成就；而如果两国对抗，不论对两国自身还是世界来说都有极大的危害。

毛泽东曾提出“百花齐放，百家争鸣”。为什么不让百个梦想都尽情绽放?若两国能确保竞争不走向冲突，那么美国梦、中国梦之间的竞争，对世界来说可能并不是坏事。两国并非注定走向冲突，若能携手共建人类命运共同体，两个梦想其实均可实现。

# 后记

本书是为纪念改革开放40周年而集体创作的一部著作，参加写作的人员均为来自中国国际问题研究院的研究人员。本书的写作目的，是试图用一个宏大的历史视角和叙事框架，站在中外文明发展、竞逐、共生的理论高度，全方位考察改革开放40年来中国取得的发展和进步，对中国从哪里来？如何走到今天？又向哪里去？这一系列富有哲理意味的问题展开深入思考。书中内容反映了作者自己的观察、思考和认识，不代表中国国际问题研究院的观点。

中国国际问题研究院戚振宏院长担任本书主编，提出全书主题、写作思路并为本书撰写序言。中国国际问题研究院副院长、院学术委员会主任徐坚研究员担任本书执行主编，具体负责项目总体设计、写作分工、初稿审核和全书统稿。

本书各章节作者的具体分工是：

第一章：徐　坚（中国国际问题研究院副院长、学术委员会主任）

第二章：李晓玉（中国国际问题研究院世界经济与发展研究所助理研究员）

沈雅梅（中国国际问题研究院美国所副所长、副研究员）

第三章：徐　坚

王瑞彬（中国国际问题研究院世界经济与发展研究所副研究员）

第四章：赵青海（中国国际问题研究院编辑部主任、研究员）

第五章：金　玲（中国国际问题研究院欧洲研究所副所长、研究员）

第六章：刘　卿（中国国际问题研究院亚太研究所所长、研究员）

第七章：徐　坚

贾秀东（中国国际问题研究院国际战略研究所特约研究员）

本书在酝酿、写作、修改和编辑过程中，得到了中国国际问题研究院科研处、《国际问题研究》编辑部等各有关部门的大力协助，在此表示感谢。我们还要特别感谢五洲传播出版社编辑人员的专业劳动。他们在很短的时间里，对书稿进行了认真的编辑，对图书的版式进行了精心设计，使本书顺利完成，并早日与读者见面。